La Mettrie

# 라 메트리, 인간-기계

/ 이병태

JN429260

<컴북스이론총서>는

현대를 호흡하는 사상가들을 소개합니다.

단순한 사상의 요약, 해제가 아닙니다.

해당 사상가를 연구해 온 전문가가 직접

사상가의 핵심 키워드 10개를 뽑아 해설하고 비평합니다.

인간과 비인간, 현실과 가상, 문화와 야만의

경계를 넘나드는 모든 사상을 싣겠습니다.

오늘을 살아가는 모든 이의 나침반이 되겠습니다.

컴북스이론총서

# 라 메트리, 인간-기계

이병태

대한민국, 서울, 커뮤니케이션북스, 2025

**라 메트리, 인간-기계**

지은이 이병태
펴낸이 박영률

초판 1쇄 펴낸날 2025년 9월 12일

커뮤니케이션북스(주)
출판 등록 제313-2007-000166호(2007년 8월 17일)
02880 서울시 성북구 성북로 5-11
전화 (02) 7474 001, 팩스 (02) 736 5047
commbooks@commbooks.com
www.commbooks.com

이 책은 커뮤니케이션북스(주)가 저작권자와 계약하여 발행했습니다.
본사의 서면 허락 없이는 어떠한 형태나 수단으로도
이 책의 내용을 이용할 수 없음을 알려드립니다.

© 이병태, 2025

ISBN 979-11-430-1212-8 04160

책값은 뒤표지에 표시되어 있습니다.

## 라 메트리의 도전

계몽의 시대는 인류의 오랜 미망(迷妄)을 거스르며 허물고자 한 도전의 시간이었다. 생각해 보면 낡고 허술한 통념을 허물려 하는 인류의 도전은 간단없었다. 계몽의 시대 이전과 이후를 통틀어 언제나 인류는 자신의 과거와 싸워 왔다. 그래서 앞선 시간에 쌓아 올린 유무형의 건축물은 늘 파괴와 해체의 시도를 만나야 했다. 진리와 이성의 기치를 내세운 '계몽'의 시대, 그리고 그 시대정신 또한 가차 없이 비판받았고 이 비판 또한 다시 비판받았다. 하지만 허물고 다시 지으려는 열기가 가장 뜨거웠던 시간은 아무래도 '근대'일 듯하다. 길고 길었던 중세를 상대적으로 단기간에 중단시켰을 뿐 아니라 아직도 잔존하는 시간이며, 계몽과 합리성을 내걸었지만 혁명과 전쟁, 과학과 진리, 탐욕과 광기가 모순적으로 뒤얽혀 폭발함으로써 인류사의 풍경을 완전히 뒤바꿔 놓았으니 말이다.

쥘리앵 오프레 드 라 메트리(Julien Offray de La Mettrie, 1709~1751)는 이 들끓는 시간의 한복판에 있었으며, 그 열기를 더욱 뜨겁게 한 인물 가운데 하나다. 라 메트리의 저항과 도전은 물론 오랜 통념을 향해 있었다. 낡고 허튼 믿음을 허물려 하는 시도는 그의 시대에 학문과 지성의 모든 영역에서 불타오르고 있었다. 이는 철학에서 자연과학에 이르는 폭넓은 주제 영역에 걸쳐 나타났을 뿐 아니라 집단화된 통념에서 불합리한 사회 구조에 이르기까지 해묵은 오류 전체를 향한 근본적·교정적 논박의 형태를 취했다.

## 통념에 대한 저항과 '인간'의 재성의

라 메트리는 계몽적 지성 가운데 한 사람이었고, 낡은 시대의 미몽(迷夢)을 누구보다 적극적으로 중단시키고자 했다. 라 메트리의 사유는 그 자체로 전위적인 계몽적 기획의 일부였기에, 종교 혹은 그와 연관된 다양한 형이상학적 유형들에 대한 가장 근본적인 논박의 특징을 분명히 드러낸다. 주목할 점은 낡고 뒤틀린 통념 가운데 '인간' 자신의 상(像)이 포함된다는 사실이다. 지나간 시대의 믿음은 인간에 대한 특정한 정의를 고수했다. 이 정의는 신의 권위가 압도적인 만큼 인간의 위상 또한 격상했다. 즉 인간은 "여호와의 자녀"로서 신의 가장 걸출한 피조물이며 절대자에 가장 가까운 존재라는 자기 정의가 오랜 시간 흔들리지 않았다(≪구약≫, 신명기 14장 1절).

라 메트리가 직접적으로 맞선 통념 가운데 가장 핵심적인 것이 바로 '인간'에 대한 이 해묵은 정의다. 라 메트리는 인간을 신에 가장 근접한 존재로 정의하고 이 정의를 정당화하기 위해 인간에게 '영성', '영혼' 등 특별한 속성을 부여하는 논리를 단적으로 거부했다. 라 메트리가 보기에 인간은 자신이 여타 존재보다 우월하다고 믿는 "오만한 벌레"일 뿐이었다. 물론 라 메트리도 '혼'을 중요한 개념으로 활용한다. 대표적 저술 가운데 ≪영혼론(Traité de l'âme)≫이 있기도 하다. 하지만 라 메트리가 말하는 '혼'은 불멸의 신비한 존재를 가리키는 종교적 용어가 아니다. 유기체가 물질로서 지니는 "생명의 원리"를 가리킬 따름이다(La Mettrie, 2020: 131-151).

인간에 대한 이러한 재정의는 거대한 역사의 물길이 바뀌면서 나타난 결과이자 그 전환의 표징이다. 이 같은 인간 재정의는 역사적 전환기에 항상 수반되곤 했다. 라 메트리의 인간 정의는 대표적 저술의 제목이기도 한 "인간-기계"라는 말로 압축된다. 이 파격적인 인간의 격하는 텍스트를 넘어 많은 함축을 지닌다. 인간을 수단이자 도구에 불과한 '기계'로 정의하는 것은 절대자의 자녀라는 근거 없는 맹신에 대한 거부이자, 의도한 것은 아닐지라도 고아한 인간의 위상을 떠받들던 사회적 구조물을 걷어치우라는 항변이다.

그런데 라 메트리는 인간이 신의 자제라는 믿음의 부당함을 윤리적인 신념에 기반해 부정하지 않았다. 즉 그러한 통념이 지속시키는 광범한 억압과 차별에 저항하기 위해 새로운 인간 정의를 제시한 것이 아니었다. 외려 낡은 인간 정의에 대한 라 메트리의 거부는 과학에 근거했다. 라 메트리는 계몽기의 지성이자 과학혁명의 시대 한가운데 있던 과학자이자 의사다. 하지만 아무리 당시 과학의 힘과 그에 대한 신뢰가 폭발적으로 증가했다고 해도, 라 메트리가 과학적 성찰에 기반해 인간 재정의를 시도했다고 해도 "인간-기계"라는 파격적 정의는 당대에 적잖은 후폭풍을 몰고 왔다.

라 메트리는 자신의 생각이 '진리'임을 확신했다. 비록 인간이 그러한 사실을 직면하기 힘들어하거나 받아들이기 고역스러워하더라도 말이다. "진리는 인간이 갈망하는 행복과 마찬가지로 인간을 위해 만들어진 것은 아니다."(La Mettrie, 2020: 131) 우리의 믿음에 반하더라도 객관적 사실이라면 인정해야 한다는 뜻이리라. 여기서 라 메트리가 말하는 '사실' 또는 '진리'가 그의 시대에는 종교·형이상학의 울타리를 벗어나 급격하게 자연과학의 지평으로 이동했음을 상기할 필요가 있다. 그래서 라 메트리의 사유는 17세기에서 18세기까지 이어지는 과학과 철학의 역사를 특이한 방식으로 함축하고, 더 나아가 기술과 문화, 일반적 통념과 문학적 상상 등의 복잡한 착종·횡단을 담지한다. '인간-기계'라는 도발적 발상과 더불어 지성사와 사회 부문들의 다양한 계기들이 교차하며 융합한다는 특징 또한 라 메트리의 사유에서 주목할 만한 부분이다.

## 라 메트리 유물론의 소박성 너머

유물론의 사전적 정의를 접한 이라면 라 메트리의 유물론이 그다지 새롭게 다가오지 않을 것이다. 유물론은 대개 우리가 비물질 영역에 속한다고 여기는 의식, 정신, 영혼, 의지 등을 모두 물질적 지평으로 환원하는 태도로 알려져 있고, 라 메트리의 주장은 이러한 유물론의 규정에서 한 치도 벗어나 있지 않다. 따라서 라 메트리의 입론을 수백 년이 지난 지금 새삼스레 다시 보는 일이 무슨 의미가 있을까 하는 생각도 든다. 몇 줄의 사전적 설명이면 충분할 듯하니 말이다. 하지만 여기서 몇 가지 사실을 환기할 필요가 있다.

우선 유물론의 사전적 정의 자체가 라 메트리의 이론을 전형으로 삼았을 가능성이 높다. 유물론(唯物論)은 'materialism'의 번역어지만, 사실 원어에 들어 있지 않은 의미가 추가되어 있다. 바로 '유(唯)' 즉 '오로지'라는 수식이다. 'materialism'은 직역한다면 '물질주의'로 번역하는 것이 온당하다. 하지만 '유물론'은 '오로지 물질만 존재한다는 이론'을 의미한다. 따라서 이 두 용어, 번역어와 원어는 일대일로 대응하는 의미를 갖지 않는다. 의식이나 정신의 부수성, 수반성 또는 이차성 등을 거론하며 그 존재를 완전히 부정하지 않으려 한 'materialism'이 있기 때문에, '오로지 물질만 존재한다는 이론'으로서 '유물론'은 'materialism'의 한 형태라고 보아야 한다.

더 나아가 'materialism'은 동서고금을 막론하고 어디서나 찾아볼 수 있는 세계 이해의 형태 가운데 하나이자, 철학적으로는 존재론 또는 형이상학적 논의에 포함된다. 오래되었을 뿐 아니라 도처에서, 그리고 많은 이들이 공유했던 태도이기에 'materialism'으로 통칭되더라도 그 낱낱은 각이한 입장을 지닌다. '기발일도(氣發一道)'라는 주장이나 '기학(氣學)', '기론(氣論)'도 있고, 고대 헬라스의 이오니아 자연철학자들도 다양한 물질적 소재를 세계의 존재 원리로 제시했다. 더욱이 라 메트리의 시대에 'materialism'은 철학사적 조류 중 하나로 분류될 만큼 유행했고, 루트비히 포이어바흐(Ludwig Feuerbach)나 카를 마르크스(Karl Marx) 이후 그 영향력은 더욱 커졌다. '새로운 유물론(신유물론, new materialism)'이라는 이름으로 'materialism'은 지금도 그 단단한 위상을 잃지 않고 있다. 라 메트리의 입장은 수다한 'materialism' 가운데 하나며 그 기나긴 역사의 한 국면일 따름이다.

아울러 라 메트리의 유물론이 설사 단순하게 일축된 유물론의 사전적 정의에서 벗어나지 못한다고 하더라도, 이를 마주하는 이들이 그러한 정의에 고착된 채 그 진솔한 전언에 귀를 닫음은 딱한 일이다. 존재 전체를 물질로 환원하는 태도를 접할 때, 우리가 고아한 정신과 의식, 영혼 등을 떠올리며 탐탁잖아 할 것을 라 메트리는 이미 알고 있었다. 그런 불쾌감조차 인간이라는 복잡한 기계의 작동 방식 가운데 하나일 뿐임을 말하려 했을 따름이다. 지성사에 전해지는 사유들과 성찰들은 종종 도식화된 비판으로 일축되지만, 이를 정면으로 마주하면 거기에는 언제나 그러한 일축에 손쉽게 가담했던 자신을 부끄럽게 만드는 깊이가 있다. 라 메트리의 사유와 성찰도 마찬가지다.

## 라 메트리의 현재성

물질 환원론으로 단순화된 라 메트리의 주장은 여전히 작동하고 있는 통념에 관해 변함없이 유효할 수 있다. 영혼이나 정신을 물질적 현상으로 설명하는 일, 즉 인간의 고유한 특징을 물리적 차원으로 '격하'하는 일은 아무래도 껄끄럽다. 라 메트리의 파격적 주장을 접하면서 탐탁잖은 느낌이 들었다면 오히려 그의 이론은 귀 기울일 만한 것이 된다. 라 메트리는 바로 그러한 '껄끄러움'이 기이한 고집임을 역설함으로써 오랜 믿음의 끈질긴 지배력과 그 허망함을 돌아보게 한다. '껄끄러움'이 여전하다는 사실은 인간이 자신의 존재를 막연히 특별하게 여기는 통념이 라 메트리의 시대로부터 수백 년이 흐른 지금도 여전히 작동하고 있음을 말해 준다.

과학자로서 라 메트리는 특별한 존재가 특별한 방식으로 부여한 특별한 속성, 하지만 그 '존재'도 '방식'도 설명할 수 없는 모호한 속성이 오로지 인간에게만 부여되어 있다는 믿음에 의문을 제기했을 따름이다. 이런 통념을 배제하더라도 인간과 그의 사회를 설명하는 데 아무런 문제가 없다면, 우리는 왜 그러한 믿음에 집착해야 하는가? 인간을 더 이상 특별한 존재로 여기지 않는 사유는 오래전부터 존재했고 20세기 이후 지금까지 새로운 형태로 거듭 제기되고 있다. 하지만 이런 생각들이 급부상하며 통념적인 '인간'의 신화를 무너뜨리기 시작한 사건은 비교적 최근에 일어났다. 라 메트리는 이런 점에서 선지자였던 셈이다.

계몽의 시대 또는 근대는 오래된 것과 새로운 것이 충돌하며 교차했던 격변의 시기였다. 하지만 그 변화는 일의적이거나 단선적인 흐름으로 정의되지 않는다. 다양한 계기들이 서로 다른 영역에서, 그리고 상이한 속도·강도로 부딪히며 역사적 전환 운동을 구축한 까닭이다. 라 메트리는 인간 이해, 나아가 존재론의 영역에서 융기하는 새로운 관점을 가장 극단적인 방식으로 표명했고, 이로써 저 전환 운동에서 일익을 담당했을 따름이다. 소극적인 지지와 광범한 비판이 교차하면서 라 메트리에 대한 일반적 평가는 대체로 소략하며 부정적인 형태로 일단락된다.

이렇게 매듭지어진 평가가 지금까지 이어졌고, 이 과정에서 라 메트리의 주장과 연관된 당대의 지성사적 맥락, 의의 등은 상대적으로 흐릿해진 상태다. 따라서 몇 개의 개념어로 환원되어 규정된 채 그 함축과 가능성이 묻혀 버린 라 메트리의 입론을 재성찰하는 일은 우리가 짊어져야 하는 숙제다. 이는 단순히 적절하게 평가받지 못한 이론을 재고하는 학문적 의무의 의미만 지니지 않는다. 라 메트리는 우리 시대에 대한 비판적 성찰의 계기 또는 영감의 단초를 제공하기에 그 현실적 의미 또한 자못 크다.

특히 자연과학 분야에서는 뇌과학이, 철학에서는 다양한 유형의 유물론이 급부상하는 오늘날의 상황을 돌이켜 볼 때 그 근대적 기원 가운데 하나인 라 메트리의 이론이 그러한 첨단 이론들과 핵심적 문제의식을 공유함은 주목할 필요가 있는 대목이다. 라 메트리의 유물론과 뇌과학 그리고 현대 유물론은 '몸'과 '마음', '물질'과 '의식', '뇌'와 '사유', '인간'과 '기계' 등 핵심 개념들을 공통으로 간직하며 그 중심이 되는 논의·쟁점 또한 이 주제들과 분리될 수 없다. 따라서 라 메트리에 대한 재조망은 지나간 철학자에 대한 심도 있는 연구 그 이상의 의미를 띨 수 있다. 라 메트리의 사유가 현대 이론의 문제의식과 그 속에 포함된 질문에 대해 놀랄 만한 해답까지는 아니더라도 적잖은 영감과 실마리를 품고 있는 까닭이다.

정서와 사유, 그 교란 상태까지 인간의 내면 일체를 '뇌'와 연관 짓는 현대 과학의 지향은 분명히 근대 유물론과 동일한 전제 위에 서 있다. 만일 라 메트리와 같은 이들의 과감한 도전, 그로 인해 촉발되고 확산한 통념의 전복이 없었다면 인간에 대한 객관적 성찰, 예컨대 뇌과학과 같은 접근은 여전히 낡은 통념의 저항 앞에 답보하고 있었을 것이다.

그래서 라 메트리 이론의 현재적 가능성을 다양하고 심도 있게 재조망하는 일은 이 시대, 우리에게 충분히 의미 있는 일이 된다.

라 메트리의 시대 즉 '근대'가 지속되는 동시에 그것과 단절되는 우리 시대는 저 '근대'보다 더 격렬한 변화가 휩쓸고 있건만 그에 대한 비판적 성찰은 그리 뜨겁지 않은 듯하다. 격변이 거듭되어 변화 자체에 익숙해진 탓인지는 몰라도, 미심쩍은 통념이 여전히 잔존할 뿐 아니라 그 영향력이 강력함에도 이를 처절하게 부정하는 목소리는 잘 들리지 않는다. 라 메트리는 치명적 저항에 부딪힐 줄 알았음에도 자기 시대에 대한 비판적 통찰 그리고 격렬한 항변을 감행한 사람이다. 따라서 라 메트리의 삶과 사유는 저마다의 삶으로 침잠하며 부조리한 세상을 외면하는 오늘날 우리에게 새삼 깊은 울림으로 다가온다.

## 이 책의 구성

원전이든 번역서든 라 메트리의 이야기를 직접 접한 독자에게 그의 이야기는 그리 매력적으로 다가오지 않을 수 있다. 부분적으로 난해한 구석이 있는 데다 파격적이면서도 보기에 따라 소박한 논리에 쉽사리 동의하기 어렵기 때문이다. 이 책의 구성은 이 점을 고려해 라 메트리의 사유를 간략하게 전달하면서 그와 연관된 지성사적 또는 역사적 맥락을 함께 엮어 풀어내는 데 초점을 맞췄다.

대체로 1장에서 4장까지 라 메트리의 삶과 사유를 지성사적·역사적 맥락과 함께 소개하고, 5장부터 10장까지 라 메트리의 주저 ≪인간-기계(L'Homme Machine)≫를 중심으로 그의 입론과 논지를 해설, 평가한다. 전체 분량의 3분의 1이 지성사적·역사적 맥락을 함께 다루는 셈인데, 이는 독특한 이론일수록 그 배경에 대한 이해 없이 온전하게 성찰하기란 지극히 어렵기 때문이다. 라 메트리의 도발적 주장은 그 시대에 어울리지 않고 오히려 시대를 뛰어넘는 듯하지만 사실 정확하게 그 시대의 소산이다.

라 메트리의 생각을 본격적으로 소개하는 중후반부에서는 대체로 ≪인간-기계≫에 집중하되 드물긴 하지만 전후 저술에서 변화가 나타나는 경우에 간략하나마 연관된 첨언을 했다. 참고로 라 메트리의 주요 저술이 한 권으로 묶여 국역되어 있으니 이를 함께 읽으면 좀 더 명확하게 그의 사유를 개관할 수 있으리라 생각한다. 이와 관련해 라 메트리 저술의 직접 인용이 많은 경우 대조해 읽기 편하도록 내주로 출처를 하나하나 달기보다 문단 뒤쪽에 묶어서

표기했다.

장별 내용의 대강은 다음과 같다.

1장 "의사 라 메트리"에서는 주로 학문적 이력을 중심으로 라 메트리 생애사의 일부를 서술한다. 의대에 입학하기 전, 라 메트리는 프랑스 생말로에서 태어나 16세가 되던 해 파리로 가서 철학, 과학, 문학, 종교 등을 두루 공부했다. 이후 파리의대(Faculté de Médecine)를 거쳐 랭스에서 의사 자격을 취득했으며, 네덜란드 레이던대학교에서 그에게 가장 큰 영향을 미친 스승 헤르만 부르하버(Herman Boerhaave)와 조우한다. 부르하버를 만난 일은 라 메트리의 삶 전체에서 가장 전환적인 사건으로 서술된다. 라 메트리는 스승의 가르침과 참전 군의관 경험을 바탕으로 ≪인간-기계≫ 등을 발표했고, 이로써 프랑스 의료계, 나아가 당대의 통념까지 비판하면서 파란을 일으켰다.

2장 "통렬한 비판과 그 대가"는 종교계와 의료계 전체를 적으로 돌린 라 메트리가 마주해야 했던 혹독한 시련에 대해 설명한다. 출판된 책은 모두 불태워졌고, 그 자신도 프랑스를 떠날 수밖에 없었다. 이처럼 치명적 위기에 몰린 라 메트리에게 손을 내민 이는 프로이센의 프리드리히 대왕이었는데, '계몽군주'로 불린 그는 라 메트리에게 대단히 특별한 존재였다. 무엇보다 프리드리히 대왕의 배려 덕분에 라 메트리는 자신의 생각을 맘껏 펼치고 저술에 몰입할 수 있었다.

3장 "계몽주의"는 라 메트리가 계몽주의를 이끈 사상가 중 한 사람이자 가장 급진적인 주장을 펼친 인물이었음을 짚는다. 프리드리히 대왕의 '상수시 궁전'은 당대의 빼어난 예술가, 과학자, 철학자, 문호들이 모여 있던 지성의 중심지였고, 그렇기에 새로운 시대정신을 외치는 '계몽주의'의 중요한 기반이었다. 여기서 라 메트리는 자신의 저술을 집대성할 수 있었으나, 갑작스러운 죽음을 맞이하면서 끝내 고국 프랑스로 돌아가지 못했다. 라 메트리의 생각은 당대 종교계나 의료계의 거센 반발을 불러일으켰을 뿐 아니라 당대의 계몽주의자들조차 꺼릴 만큼 급진적이고 파격적이었다.

4장 "'기계적 유물론'"은 라 메트리의 파격적 유물론이 당대에 비판과 저항의 대상만은 아니었으며, 당시 과학의 성과, 기술 발전, 나아가 시대정신을 반영함으로써 일정하게 지지받기도 했다는 점을 짚어 본다. 스스로 옳다고 믿는 사실을 단호하게 피력하는 용기는 라 메트리에게 중요한 삶의 자세였고, 이 때문에 그는 늘 논란의 한가운데에 있었다. 후대의 평가는 라 메트리를 둘러싼 논란의 개인적·역사적·지성사적 맥락의 복잡성을 고려하지 않은 채 '기계적 유물론' 등으로 그의 생각을 일축해 왔다. 이 장에서는 이처럼 단순화되고 고착화된 평가가 오늘날까지 영향력을 행사하고 있다는 사실을 환기하며 전환적 사유가 필요함을 역설한다.

5장 "인간-기계"에서는 라 메트리의 파격적인 주장 이면에 가로놓인 지성사적·역사적 배경을 짚는다. 라 메트리는 인간에 대한 아주 오랜 정의를 전복해 동시대인들에게 충격을 주었다. 이 전복적 생각은 '인간-기계'라는 표현으로 압축된다. 이는 '시계' 등 정교한 기계장치가 오토마타(자동인형)로 발전한 시대적 배경, 생리학·해부학의 발전과 무관하지 않다. 이러한 배경하에 라 메트리는 영혼이나 정신을 물질 또는 물질적 작용으로 환원하고 마침내 인간을 기계로 선언했다.

6장 "과학"은 '인간-기계'라는 라 메트리의 발상 너머 가장 강력하게 작동한 배경이 다름 아닌 당대의 자연과학이었음을 살펴본다. 스승 부르하버가 의학과 자연과학의 통일성을 강조했을 뿐 아니라 당시 과학의 발전이 가히 혁명적이었기에, 자연과학에 대한 라 메트리의 신뢰는 깊었다. 이처럼 라 메트리는 자연과학의 성과에 근거함으로써 인간을 과감하게 다시 정의할 수 있었다. 하지만 이로써 당시 과학의 한계 또한 라 메트리의 주장에 고스란히 담기게

된다.

7장 "철학"은 라 메트리의 철학적 입장을 설명한다. 대체로 라 메트리의 입장에서는 경험과학의 영향과 더불어 경험론의 영향이 두드러진다. 라 메트리는 경험에 근거하지 않는 사변적 철학을 거부했으며, 이런 관점에서 당대 철학자들을 두루 비판했다. 과학의 성과, 경험이나 논리적 사유 등이 유의미한 학문적 성찰을 가능하게 한다고 믿었기 때문이다. 하지만 데카르트 등 합리론자들이 그의 철학에 영감을 준 것 또한 부정하기 어려운 사실이다.

8장 "휴머니티"에서는 인간의 인간다움이 어떻게 형성되는지에 관한 라 메트리의 생각을 살펴본다. 유물론자라는 점에서 라 메트리의 사유는 생물학적 결정론의 특징을 강하게 함축할 수밖에 없다. 하지만 라 메트리는 인간이 인간다움을 갖추는 것이 교육 등 사회적 기제 없이는 불가능하다고 믿었다. 만일 교육이 없다면 다른 생명체들에 대한 인간의 차별성은 있을 수 없다. 더 나아가 라 메트리는 인간의 정신과 영혼, 이성이란 뇌의 작용 일체를 가리키는 '상상력'의 특정한 면모일 따름이라 여겼다. 라 메트리의 이 독특한 '상상력' 개념은 ≪인간-기계≫에 가장 집중적으로 담겨 있다.

9장 "도덕"에서는 '도덕'에 관한 라 메트리의 주장을 짚는다. 도덕 문제에 관한 라 메트리의 입장은 '도덕감정론'과 완전히 동일하지는 않지만 그에 영향을 상당히 많이 받은 듯하다. 윤리적 원리와 도덕의 바탕을 인간 외부 즉 절대자 등이 아니라 인간 자신에 두려 하는 도덕감정론은 사유의 근대적 전환을 여실히 보여 준다. 이는 라 메트리의 생각과 일치하는 점이 없지 않다. '몸'이 정신이나 이성의 바탕임을 강조하는 유물론 또한 도덕의 기원을 초월적 존재에서 찾을 수 없기 때문이다.

10장 "21세기의 라 메트리"는 오늘날 그의 사유가 우리에게 어떤 의미로 다가오는지, 어떤 영감을 불러일으키는 귀중한 자원인지 짚는다. 최근 통섭적 지성을 요청하는 목소리가 높다는 사실을 떠올리면, 과학과 철학을 가로지른 라 메트리의 사유는 선구자적 의미로 다가온다. 아울러 뇌과학의 급부상 또한 정신과 영혼을 뇌의 작용으로 환원했던 라 메트리를 다시 보도록 이끈다. 더 나아가 라 메트리의 사유는 결정론적 특징을 띰에도 불구하고 우리가 여전히 갈구하는 자유, 행복, 평화를 역설한다. 따라서 라 메트리가 던지는 메시지는 물질적 결정력과 인간의 피결정성을 강조하는 것이 아니라 오히려 해방적 지향을 지닌다고 할 수 있다.

## 참고문헌

새번역 ≪구약≫. Holynet. http://www.holybible.or.kr

La Mettrie, J. O. de(1748/1984, 1987). *Œuvres philosophiques I, II.* Corpus des Œuvres de Philosophie en Langue Française. Paris: Fayard.

La Mettrie, J. O. de(1748/1996). *L'Homme Machine. Œuvres philosophiques I.* Corpus des Œuvres de Philosophie en Langue Française. Paris: Fayard. 여인석 옮김(2020). ≪라 메트리 철학 선집≫. 섬앤섬.

La Mettrie, J. O. de(1774). *Œuvres philosophiques II.* Berlin.

La Mettrie, J. O. de(1775). *Œuvres philosophiques III.* Berlin.

La Mettrie, J. O. de(1912). *Man a Machine(L'homme machine).* Chicago: The Open Court Publishing Co.

# 차례

일러두기

- 인명, 작품명, 저서명, 개념어 등은 한글과 함께 괄호 안에 해당 국가의 원어를 병기했습니다.
- 외래어 표기는 현행 어문규정의 외래어표기법을 따랐습니다.

## 01
## 의사 라 메트리

라 메트리는 파리에서 철학, 과학, 문학, 종교 등을 두루 공부한 뒤 파리의대를 거쳐 랭스에서 의사 자격을 취득했다. 이후 네덜란드 레이던대학교에서 그에게 가장 큰 영향을 미친 스승 부르하버와 조우한다. 스승의 가르침, 참전 군의관 경험을 바탕으로 ≪인간-기계≫ 등을 발표했고, 프랑스 의료계, 나아가 당대의 통념까지 비판하면서 파란을 일으켰다.

## 철학 수업과 얀센주의

라 메트리는 1709년 12월 19일 프랑스 브르타뉴 생말로에서 태어났다. 파리만큼 잘 알려진 도시는 아니지만 생말로는 유서 깊은 곳이다. 대항해 시대부터 20세기의 세계대전까지 흔적을 품고 있는 역사적인 항구도시다. 라 메트리가 이 작은 도시의 역사에 서사를 더했음은 물론이다. 라 메트리가 태어난 해 이 지역에 기록적인 한파가 찾아왔다고 한다. 마치 해묵은 영혼과 정신의 신화 그리고 그 열기를 싸늘히게 마아선 라 메트리의 생애를 예고하듯 말이다.

항구도시가 대개 그러하듯 생말로는 역사적 부침이 적지 않았을 뿐 아니라 입신의 기회 또한 많은 곳이었다. 라 메트리의 부친 역시 이 작은 도시에서 꽤 성공한 상인이었고, 장남인 라 메트리를 비롯해 슬하에 2남 3녀를 둔 것으로 전해진다. 이런 배경 덕에 라 메트리는 일찌감치, 그리고 별걱정 없이 좋은 교육을 받을 수 있었다. 16세에 파리의 콜레주다쿠르(Collège d'Harcourt)에 입학한 라 메트리는 철학, 과학, 문학, 종교 등을 두루 공부한다. 콜레주다쿠르는 상당히 개방적인 학풍을 지닌 곳이었다. 그 덕에 라 메트리는 여기서 르네 데카르트(René Descartes)의 사상을 처음 접한다. 이때 데카르트는 위트레흐트(Utrecht) 논쟁을 계기로 무신론자라는 풍문과 비방에 휩싸여 있었고, 그 여파가 일부 대학을 중심으로 그에 대한 공개적 학습이 금지되는 사태로 이어진 상황이었다.

참고로 위트레흐트 논쟁은 데카르트가 제법 이름을 알린 이후 벌어진 사건으로, 네덜란드 위트레흐트대학교에서 그에 대한 강의가 중단되면서 촉발되었다. 합리론자로서 '이성'의 힘을 강조한 데카르트 그리고 인간 이성의 한계와 신앙의 중요성을 역설한 기스베르투스 보이티우스(Gisbertus Voetius)는 서신 등을 통해 상당히 오랜 기간 논쟁을 벌인 것으로 알려져 있다. 이 논쟁은 17세기 중엽부터 시작되어 결국 데카르트가 스웨덴으로 떠나는 계기가 되었다. 주지하다시피 데카르트는 스웨덴에 도착한 지 채 1년도 되지 않아 폐렴으로 사망한다.

시간이 어느 정도 흐른 뒤긴 하지만, 콜레주다쿠르는 당시의 금기를 거슬러 데카르트에 대한 강의와 연구를 최초로 허용했다. 그 덕에 라 메트리는 이미 10대 때 자신이 넘어서야 할 논적을 만날 수 있었다. 그러나 당시 라 메트리가 데카르트를 어떻게 바라보았는지 확인할 길은 없다. 단, 라 메트리와 그의 유물론에 데카르트의 영향이 강력하게 잔존함은 확실해 보인다. 두 사람의 사유는 겉보기에 서로 대척점에 자리하는 듯하나 실상 깊은 상호 연관성을 지니고 있다.

라 메트리가 콜레주다쿠르에 머물던 시기 얀센주의에 깊은 관심을 보였다고 전해지는데, 이는 상당히 눈길을 끄는 행적이라 할 수 있다. 사실 여부를 판단할 뚜렷한 증거는 남아 있지 않지만 그렇다고 허튼 소문으로 일축하기도 어렵다. 라 메트리를 총애한 프리드리히 대왕은 라 메트리의 장례식에서 추도사를 낭독하면서 라 메트리가 얀센주의에 관한 소책자를 발간했다고 말한 바 있다. 권력자가 자신이 보기에 빼어났던 한 지성인의 지적 편력을 술회한 일도, 그 지성인이 젊은 시절 종교적 가르침에 심취한 일도 딱히 특이하지는 않다. 하지만 그 지성인이 라 메트리라면 이는 흥미로운 사건이 될 수 있다.

데카르트와 동시대인이었던 코르넬리우스 얀센(Cornelius Jansen)은 원죄와 신의 은총을 극단적으로 강조했고, 예수회의 강력한 반발을 불러일으켜 결국 교황청에 의해 공식적으로 이단 처분을 받았다. 말하자면 얀센주의는 특정한 교리와 신앙을 대단히 중시하면서 신의 위상을 압도적인 것으로 정위(定位)하려는 딱딱한 가르침이었다. 이는 우리가 아는 라 메트리 그리고 그의 사상과 상당한 거리가 있다. 얀센주의와 일반적으로 알려진 라 메트리의 사유는 '서로소'라 할 만큼 큰 차이가 있을 뿐 아니라 여러 측면에서 상호 대립적이다. 라 메트리는 영혼과 정신 그리고 그 발현 일체가 물질과 육체에 귀속된다고 보았다. 당대의 과학적 발견에 근거해 이런 생각을 정립하고 설파한 라 메트리가 한때 교조적 종파의 신앙을 수용하고 지지했다는 소문은 확실히 흥미롭다. 인간 라 메트리에 대한 호기심과 상상을 자극하기 때문이다.

양립하기 어려운 두 극단적 사유를 오갈 뿐 아니라 그것들에 몰입하고 심취하는 지적 모험가 혹은 마니아의 기질이 엿보인다고나 할까? 하지만 아쉽게도 프리드리히 대왕이 언급한 문건, 즉 얀센주의에 관한 라 메트리의 글은 전해지지 않는다. 따라서 무척 이목을 끄는 이러한 '전력'에 관해서는 객관적 판단을 하기 위한 결정적 근거가 존재하지 않는다.

## 의사를 비판한 의사

이처럼 라 메트리의 지적 여정은 처음부터 다채롭고 역동적이었다. 하지만 그의 학문적 정체성에 가장 중요한 근간은 의학이었다. 라 메트리는 파리의대에서 몇 년간 수학한 뒤 랭스대학교로 옮겨 1733년 의사 자격을 취득한다. 그

과정에서 파리의 의학 교육에 그리 만족하지 못했다고 전해지는데, 이 때문인지 의사가 되던 해에 네덜란드 레이던대학교로 옮겨 학업을 계속하려 했다. 레이던대학교는 당시 최고의 의료기관이자 교육기관으로 널리 인정받고 있었다. 이곳에서 라 메트리는 다행히도 헤르만 부르하버를 만날 수 있었다. '부르하버 증후군'으로 지금까지 그 이름이 전해지고 있는 스승의 가르침은 라 메트리에게 지대한 영향을 미쳤다. 부르하버의 학식과 경험은 라 메트리에게 깊은 감명을 주었을 뿐 아니라 사유와 실천, 나아가 삶 전체에 막대한 영향을 끼쳤다.

실제로 라 메트리는 1734년 생말로로 돌아온 뒤 몇 년간 ≪부르하버의 성병 이론(Système de Monsieur Herman Boerhaave sur les maladies vénériennes)≫(1735), ≪질병의 인식과 치료에 관한 경구들(Aphorismes sur la connaissance et la cure des maladies)≫(1739), ≪의학개론(Traité de la matière médicale)≫(1739), ≪의료제도(Les Institutions de Médecine)≫(1739~1740), ≪화학이론개요(Abrégé de la Théorie chimique)≫(1741) 등 부르하버의 저술을 다듬고 번역하는 일에 매진했다. 라 메트리는 부르하버의 학문적 성과를 옮겨 널리 전하려는 노력과 더불어 독자적인 연구와 저술을 병행했다. 그런데 그 주제가 성병,

현기증 등이었다는 사실은 다소 눈길을 끈다. 이 병증들이 뇌나 신경의 교란과 깊은 관련이 있어 육체와 정신의 상관성 또는 분리 불가능성을 상상하도록 자극할 만하기 때문이다.

라 메트리가 성병, 현기증 등에 대한 연구와 저술을 수행하면서 그러한 상상과 사유를 전개하기 시작했다면 이는 그의 단호한 유물론이 어디서 유래했는지 추적할 때 유의미한 고려 사항이 될 수 있다. 실제로 이때 말고는 라 메트리의 독자적 사상이 본격적으로 형성되는 기점을 딱히 지목하기 어렵다. 그럼에도 이는 정황에 근거한 추정일 뿐 이를 정당화할 확실한 증거는 존재하지 않는다. 라 메트리가 번역한 부르하버의 저술 가운데 성병 등에 대한 이론서가 포함되어 있기 때문에 그의 성병, 현기증 연구가 단순히 번역 작업의 일환일 가능성도 높다.

어쨌든 이 시기를 거치면서 라 메트리가 신학과 종교의 지반을 벗어났음은 확실해 보인다. 이는 그가 오로지 '과학'이라는 창으로 인간을 마주하기 시작했음을 의미한다. 크리스토퍼 업햄 머리 스미스(Christopher Upham Murray Smith)는 이 시기에 라 메트리에게 "인간은 무엇보다 물리적 시스템이며 (초보적이긴 하지만) 의학의 물리적 방법으로 치료되어야 한다"는 믿음이 구축되었다고 지적하면서 그에게 "신학적 논쟁이 부질없는 것으로 여겨지기 시작했음에 틀림없다"고 말한다(Smith, 2002: 112).

이처럼 의학을 통해 인간을 새로이 바라보게 된 라 메트리는 가족을 생말로에 남겨 둔 채 1742년 파리로 갔다. 여기서 그라몽 가문의 6대 공작 루이 드 그라몽(Louis de Gramont)의 의무관직을 얻어 공작과 함께 오스트리아 왕위계승전쟁에 참전한다. 후원자인 그라몽 공작이 1745년 퐁트누아(Fontenoy) 전투에서 사망하지만, 전쟁의 경험은 뜻밖에도 라 메트리의 유물론적 사유가 심화하는 데 중대한 계기를 제공한다. 이 무렵 라 메트리는 우연히 심각한 열병에 시달렸는데, 고열로 혼미한 자신의 상태를 통찰하면서 사유, 정신 혹은 영혼이 '뇌'라는 기계의 작동에 달려 있음을 확신하게 된다. 라 메트리가 보기에 인간의 사유, 정신, 영혼 등은 더 이상 존재론적 특권을 지닐 수 없으며 종교와 신학, 나아가 형이상학의 전유물도 아니었다. 이러한 생각은 연이어 발표한 저서 ≪영혼의 자연사(Histoire naturelle de l'âme)≫(1746)와 ≪인간-기계≫(1747)에 결정적인 바탕이 된다.

라 메트리는 자신의 확신을 ≪영혼의 자연사≫에 담아 1746년 발표했지만, 이 파격적 주장은 단단한 종교적 통념에 부딪히면서 '화형'당했다. 같은 해 포고된 파리의 법령에 의해 분서 처분된 것이다. 더구나 라 메트리의 '적'은 교회와 종교적 통념에 국한되지 않았다. 라 메트리는 자신의 동료들, 즉 당대의 의사들을 비판했으며 당시 의료기관과 그 체제까지 문제시했다. 이는 일견 의외의 사건이다. '의외'라는 느낌은 무엇보다 라 메트리에 관한 학술적 조망이 드문 국내 상황 탓이겠지만, 어쨌든 라 메트리가 의료계를 비판했다는 것은 그의 파격적인 유물론만큼 잘 알려진 사실은 아니다. 유의할 것은 이 비판의 대상이 프랑스로 국한된다는 점이다. 라 메트리의 맹렬한 비판은 주로 프랑스의 의학 교육, 의사들의 관행, 의료 체계 등에 집중되었다.

현실의 특정 상태에 대한 비판은 대개 그 배후에 일종의 '모범 답안' 같은 것이 자리한다. '비판'이라는 사건은 '잘못되었음'을 인지하게 하는 대조군으로서 모종의 '전범'이 있을 때 발생하고, 이 '전범'의 진리성이 확실시될수록 비판의 강도는 커진다. 라 메트리의 신랄한 비판 또한 그가 프랑스 의료계에서 문제를 발견할 수 있게 한 '바탕'이 있었음을 간접적으로 말해 준다. 라 메트리에게 이 바탕은 다름 아닌 스승 부르하버의 가르침이었다. 실제로 라 메트리는 프랑스의 의사들과 의료계를 비판할 때 스승 부르하버의 이름을 긍정적인 맥락에서 자주 거론하곤 했다.

## 참고문헌

La Mettrie, J. O. de(1748/1984, 1987). *Œuvres philosophiques I, II.* Corpus des Œuvres de Philosophie en Langue Française. Paris: Fayard.

La Mettrie, J. O. de(1748/1996). *L'Homme Machine. Œuvres philosophiques I.* Corpus des Œuvres de Philosophie en Langue Française. Paris: Fayard. 여인석 옮김(2020). ≪라 메트리 철학 선집≫. 섬앤섬.

La Mettrie, J. O. de(1774). *Œuvres philosophiques II.* Berlin.

La Mettrie, J. O. de(1775). *Œuvres philosophiques III.* Berlin.

La Mettrie, J. O. de(1912). *Man a Machine(L'homme machine).* Chicago: The Open Court Publishing Co.

Smith, C. U. M.(2002). Julien Offray de la Mettrie(1709–1751). *Journal of the History of the Neurosciences, 11*(2), pp. 110–124.

## 02
## 통렬한 비판과 그 대가

종교계와 의료계 모두를 맹렬하게 비판한 라 메트리는 결국 그 비판의 강도만큼 격렬한 저항에 직면했다. 책은 몰수되어 불태워졌고, 그 자신도 조국을 떠나 떠도는 신세가 되었다. 이때 라 메트리에게 최적의 안식처를 제공한 이는 프리드리히 대왕이었다. 근대 계몽기의 대표적인 지식인들이 이 '계몽군주' 곁에 머물렀고, 라 메트리 또한 저술에 몰두할 수 있게 되었다.

## 전방위적 비판

라 메트리는 의료계를 전방위적으로 비판했는데, 특히 당시 의료·의학에 관행화된 모종의 편향을 경계한 듯하다. 한쪽에는 텍스트 중심의 이론적 편향이 있었고, 다른 쪽에는 실험과 실습에 매몰되는 편향이 있었다. 라 메트리가 보기에 이러한 일종의 양극화 양상이 지속되고 있었다. 이 불안한 병립과 공존은 종교와 정치권력의 권위하에 하나의 제도로 구축되고 존립할 수 있었다. 아마도 라 메트리는 이렇게 일그러진 의학과 의료 제도가 마음에 들지 않은 듯하다. 라 메트리가 보기에 이론과 실험은 존재론적 이해하에 반드시 종합되어야 했고, 여기에 종교적 영향력은 불필요했다.

라 메트리는 그에 대한 일반적 평가도 그러하거니와 자신이 의사이자 동시에 '자연철학자'라는 자의식을 갖고 있었다. 즉 지엽적인 방법론에 매몰되어 있던 동료들과 달리 자신은 존재에 관한 통일적 이해를 지녔다고 확신했다(Störig, 1985: 122). 참고로 동료 의사들에 대한 비판은 라 메트리가 ≪영혼의 자연사≫와 같은 시기 출간한 또 하나의 책 ≪마키아벨리의 의료정치(Politique du Médecin de Machiavel)≫(1746)에 우회적이지만 강력한 방식으로 다시 담긴다.

의료계를 향한 라 메트리의 비판은 갑자기 돌출된 것이 아니었다. 프랑스 의료계는 이미 18세기 초부터 이른바 '팸플릿 전쟁(인쇄술이 널리 보급되기 전 유럽에서 종종 발발한 논쟁의 형식을 일컫는다)'으로 내홍을 겪고 있었고, 그 뿌리는 의학 내부 분과 사이의 대립이었다. 긴 시간에 걸쳐 거센 논쟁이 일었고, 그만큼 이 논쟁은 복잡하게 얽혀 있었다. 심지어 공인된 의사와 비공인 의료인 간 대립도 이 논쟁에 포함된다. 캐슬린 웰먼(Kathleen Wellman)에 따르면 라 메트리가 개입한 논쟁의 경우, 대립의 한 축은 'doctor', 다른 한 축은 'surgeon'이었다(Wellman, 1992: 9).

여기서 'doctor'와 'surgeon'은 시대적 차이 등으로 인해 오늘날의 분류나 용어를 적용해 단순 번역하기 곤란하다. 내과의와 외과의로 구분하든 기초의학자와 임상의로 구분하든 모두 딱히 적절하다고 볼 수 없다. 당대의 통념에 따르면 대체로 'doctor'는 전통적 의학 전승의 적자로서 이론을 중시했고 일정한 사회적 권위를 부여받은 부류였다. 한편 'surgeon'은 과학혁명기의 의학적 전위로서 실험과 경험 등을 중시했고, 의료 기술의 실질적 발전에 크게 기여했다. 그러나 이들은 적어도 프랑스에서는 'doctor'에 비해 홀대받았다.

라 메트리는 우선 이 불균형을 문제시했다. 이러한 문제의식은 상대적으로 '균형' 잡힌 스승 부르하버의 영향뿐 아니라 그라몽 공작 휘하에서 참전한 경험도 반영한다. 전장에서 부상자들을 치료하던 'surgeon'의 활약과 그 역량은 라 메트리에게 깊은 인상을 남겼다. 따라서 'surgeon'의 역할이 지나치게 경시되는 풍조는 라 메트리가 보기에 의학 발전을 가로막는 중대한 장애였다. 라 메트리는 질병이나 부상을 직접 마주하며 상대하는 이들의 경험과 지식이야말로 인간의 건강과 생명을 지키는 데 가장 중요한 바탕이라고 확신했다.

그러나 'surgeon'의 생생한 노하우가 완전무결하다고 단정하지는 않았다. 한정된 경험에 매몰되지 않도록 적절한 교육과 수업을 통해 반드시 보완되어야 한다고 보았기 때문이다. 어떻든 라 메트리는 해부학 지식, 임상 경험 등 'surgeon'들이 지닌 장점이야말로 실질적인 의학 발전의 원동력이라고 여겼다. 반면 경험과 이에 기반한 지식이 상대적으로 취약한 'doctor'는 그 이론적 역량을 어느 정도 인정한다고 해도 의학 수준의 비약적 고취를 견인할 수는 없다고 생각했다.

전반적으로 라 메트리는 'doctor'와 'surgeon' 양자가 드러내는 일종의 편향을 경계했고, 이 분열을 구조화하는 프랑스 의료계 전체를 비판했다. 이렇게 보면 그의 비판은 상당히 합리적인 듯하지만, 문제는 비판의 방법이었다. 라 메트리는 차분한 논리적 설득의 길이 아니라 거침없는 조롱과 풍자의 방식을 택했다. 그 결과 라 메트리는 프랑스 의료계 전체의 공적이 된다. 라 메트리를 향한 의료계의 분노는 1746년 ≪영혼의 자연사≫와 ≪마키아벨리의 의료정치≫가 분서 처분될 때 그 불길을 더욱 거세게 만든 장작이 되었다. 교회가 일찍이 라 메트리를 위험인물로 간주한 데다, 그의 정체성과 분리할 수 없는 의료계마저 등을 돌린 셈이다. 라 메트리는 더 이상 프랑스에 머물 수 없었다. 그럼에도 그의 펜에 깃든 비판의 열기는 결코 식지 않았다.

## 계몽군주의 품으로

프랑스를 떠난 라 메트리는 네덜란드 레이던으로 향했다. 하지만 이미 시대를 뛰어넘은, 당대와 조화를 이룰 수 없는 생각을 단단히 붙잡고 있었기에 전방위적 비판을 멈추지 않았다. 오히려 라 메트리의 비판은 더욱더 날카로워졌다. 1747년 한층 격화된 조롱과 풍자가 담긴 ≪가면 벗은 사기꾼 또는 의학협회의 복수자 플루토(Les charlatans démasqués, ou Pluton vengeur de la Société de médecine)≫와 더불어 문제작 ≪인간-기계≫가 발표되었다. 이 책은 엄청난 파장을 일으켰고 결국 책을 출간한 출판사는 교회 당국의 소환에 응해야 했다. ≪인간-기계≫ 인쇄본 전체가 분서 처분되었을 뿐 아니라 교회 당국은 익명의 저자가 누구인지 공개하라고 출판사를 강하게 압박했다. 이 압박이 너무도 강력했기에 출판사는 거부할 수 없었고, 라 메트리는 도리 없이 다시 몸을 옮겨야만 했다.

라 메트리의 마지막 피신처는 프로이센 프리드리히 대왕의 품이었다. 이 피신에 결정적으로 기여한 이는 베를린 과학아카데미 회장이었던 피에르루이 모로 드 모페르튀이(Pierre-Louis Moreau de Maupertuis)다. 모페르튀이는 라 메트리가 상수시 지식인 서클에 없어서는 안 될 인물이라고 프리드리히 대왕을 설득했고, 마침내 프리드리히 대왕이 라 메트리를 초대했다. 라 메트리가 베를린으로 건너간 것은 레이던에 도착한 뒤 1년이 지난 1748년이었다.

프리드리히 대왕의 그늘은 라 메트리에게 더없이 훌륭한 안식처였다. 프리드리히는 근대 독일의 기틀을 다진 통치자로, 유럽 역사를 통틀어 공식적으로 '대왕(Groß)' 칭호가 붙은 단 두 사람 가운데 하나였다. 다른 한 사람은 러

시아의 예카테리나 2세(Екатери́на II)다. 프리드리히 대왕에 대한 세간의 평가가 엇갈리는 것은 사실이지만 어쨌든 그는 '대왕'으로 불릴 만큼 상당한 업적을 남겼다. 더욱이 프리드리히 대왕은 '계몽군주'였다. "이 시대는 계몽의 시대 또는 프리드리히의 세기"라고 말하며 계몽주의 시대와 프리드리히 시대를 동일시한 이마누엘 칸트(Immanuel Kant)의 언급은 빈말이 아니었다(Kant, 1964: 59). 칸트는 통치권력과 계몽주의가 한 군주에 의해 통합될 때 근대적 자유, 즉 합리적 제도·법률의 규제와 조화를 이루는 정치적 자유가 보장될 수 있다고 보았다. 칸트는 프리드리히 대왕을 그러한 군주의 생생한 사례로 여겼다.

프리드리히 대왕은 특히 종교나 문화의 영역에서 당시로서는 파격적일 정도로 개방적이며 포용력 있는 태도를 보였다. 교회의 억압성과 그 폐해를 충분히 인식하고 있었기에, 종교적 금기를 거스른 죄목으로 파면되거나 추방당한 학자들에게 관용을 베풀고 이들을 품어 주었다. 라 메트리도 그 수혜자 가운데 하나였다. 칸트의 스승 크리스티안 볼프(Christian Wolff) 역시 동양 경전에 대한 관심과 강조로 교회의 미움을 사 할레대학교에서 파면되었지만 프리드리히 대왕은 그의 복직을 명령했다. 칸트의 '비판'이 프리드리히 대왕에게 유독 너그러운 듯한 까닭도 이러한 왕의 행적과 무관하지 않을 것이다. 종래의 기독교 교리·의례를 쇄신하려 했던 이신론자(理神論者)이자 스피노자주의자인 요한 크리스티안 에델만(Johann Christian Edelmann)이 추방되었을 때에도 프리드리히 대왕은 베를린에 그의 은신처를 마련해 주었다.

심지어 프리드리히 대왕은 종교적 다양성을 인정하는 파격적 태도까지 보였다. "모든 종교는 그 신도가 정직하기만 하다면 선악이 따로 없으며 설사 터키 사람이나 이교도라고 할지라도 이 나라에 와서 살고 싶어 한다면 그들에게 모스크나 교회를 지어 줄 것이다."(Clark, 2006: 354에서 재인용) 이처럼 거침없던 프리드리히 대왕의 행보는 합리적 성찰과 비판에 근거했으나, 그것이 전부는 아닌 듯하다. 프리드리히 대왕은 사실 교회에 대해 강한 반감을 지니고 있었기 때문이다.

한마디로 그는 교회에 대해 '삐딱'했다. 경험이나 기질 탓일 수도 있지만, '군주'와 '교회'의 대립은 역사적·구조적 배경 또한 지녔음을 떠올릴 필요가 있다. '계몽'적 근대란 그 자체로 성속(聖俗)의 거대한 권력 교체, 그에 따른 갈등과 충돌을 함축하는 시대다. 급부상한 세속적 정치권력이 교회권력을 마뜩잖아하며 넘어서려 한 흔적은 프리드리히 대왕에게서 가장 극명하게 나타난다.

교회에 대해 '삐딱'했을 뿐 프리드리히 대왕은 확실히 포용력 있는 군주였다. 에델만이 군주의 절대적 권력을 비판했을 때조차 프리드리히는 불편한 심기를 누르고 그의 베를린 거주를 용인했다. 더 나아가 사법 절차에서 고문이 중단되어야 한다는 의견이 합당하다고 여겨 고문을 중단하기로 결정했으며, 언론 검열 금지를 명령하기도 했다. 프리드리히 대왕은 청년기부터 계몽주의 사상가들의 서적을 탐독했고, 그 덕에 합리성과 그에 기반한 비판의 중요성을 분명히 인식할 수 있었다. 칸트의 "계몽이란 무엇인가에 대한 답변(Beantwortung der Frage: Was ist Aufklärung?)"은 '계몽'에 관한 합리적 비판과 논쟁 과정에서 생산된 문건으로, 그 자유로운 논의의 장은 프리드리히 대왕에 의해 안정적으로 보장되었다.

이런 프리드리히 대왕의 품은 라 메트리에게 최상의 장소였다. 왕립학술원 회원 자격을 얻은 데다 검열과 '화형'에 대한 두려움 없이 맘껏 활동할 수 있었으니 말이다. 실제로 라 메트리는 베를린에 머물면서 ≪인간-식물(L'Homme plante)≫(1748), ≪페넬로페의 작품, 또는 의학의 마키아벨리(Ouvrage de Pénélope, ou Machiavel en médecine)≫(1748), ≪행복한 인생에 관한 세네카의 논설(Traité de la vie heureuse par Sénèque)≫(1748), ≪동물 기원에 관한 철학적 성찰(Refléxions philosophiques sur l'origine des animaux)≫(1750), ≪에피쿠로스의 체계(Système d'Épicure)≫(1751), ≪즐거움의 기술(L'art de jouir)≫(1751) 등의 저술을 연이어 발표했다. 특히 1751년 주요 작품을 ≪철학 저작집(Œuvres philosophiques)≫으로 엮어 냈는데, 이는 이후 출간된 다양한 판본의 원형이 된다. 라 메트리는 이처럼 자신의 모든 생각을 거리낌 없이 공개할 수 있었고, 더욱이 프리드리히는 그의 그늘 아래 있던 이들이 시기할 정도로 라 메트리를 각별히 총애했다고 한다.

## 참고문헌

Clark, C. M.(2006). *Iron Kingdom: The Rise and Downfall of Prussia, 1600-1947.* London: Penguin. 박병화 옮김(2020). ≪강철왕국 프로이센≫. 마티.

Kant, I.(1964). *Werke XI.* Frankfurt am Main: Insel.

La Mettrie, J. O. de(1748/1984, 1987). *Œuvres philosophiques I, II.* Corpus des Œuvres de Philosophie en Langue Française. Paris: Fayard.

La Mettrie, J. O. de(1748/1996). *L'Homme Machine. Œuvres philosophiques I.* Corpus des Œuvres de Philosophie en Langue Française. Paris: Fayard. 여인석 옮김(2020). ≪라 메트리 철학 선집≫. 섬앤섬.

La Mettrie, J. O. de(1774). *Œuvres philosophiques II.* Berlin.

La Mettrie, J. O. de(1775). *Œuvres philosophiques III.* Berlin.

La Mettrie, J. O. de(1912). *Man a Machine(L'homme machine).* Chicago: The Open Court Publishing Co.

Smith, C. U. M.(2002). Julien Offray de la Mettrie(1709-1751). *Journal of the History of the Neurosciences, 11*(2), pp. 110-124.

Störig, H. J.(1970). *Kleine Weltgeschichte der Philosophie.* Stuttgart; Berlin; Köln; Mainz: Kohlhammer. 임석진 옮김(1985). ≪세계철학사 下卷≫. 분도출판사.

Wellman, K.(1992). *La Mettrie: Medicine, Philosophy, and Enlightenment.* Durham; London: Duke University Press.

## 03
# 계몽주의

프리드리히의 궁전 상수시는 당대의 빼어난 예술가, 과학자, 철학자, 문호가 모인 지성의 중심지였고, 새로운 시대정신을 외치는 계몽주의의 중요한 기반이었다. 라 메트리는 이론적으로나 공간적으로나 계몽주의의 한복판에 있었다. 라 메트리는 상수시라는 안식처 덕분에 자신의 저술을 집대성할 수 있었으나, 갑작스러운 죽음을 맞이하면서 상수시는 결국 그의 모험이 끝난 장소가 된다.

## 계몽주의 그리고 상수시

볼테르(Voltaire)는 일찍이 라 메트리를 두고 "왕궁 속의 무신론자"(Störig, 1985: 122)라며 비꼬았다. 당대의 현실과 통념을 그토록 격렬하게 비판했음에도 '왕궁'이라는 안식처에 일신을 온존한 라 메트리가 마음에 들지 않은 듯하다. 혹은 프리드리히 대왕이 유독 라 메트리를 아낀다는 사실이 탐탁지 않았을 수도 있다. 교회와 의료계를 향한 라 메트리의 날카로운 비판이 신분제 또는 그에 기반한 군주제에 미치지 못한 것은 사실이고, 또 다른 권력의 우산 아래서 다른 권력을 비판한 것도 호기로워 보이지는 않는다. 하지만 라 메트리는 자신의 과감한 비판에 가해진 비난과 박해에 끝끝내 굴하지 않고 낡은 통념과 관습을 허물고자 온 힘을 다했다.

이러한 의지를 지닌 라 메트리에게 프리드리히의 왕궁은 단순히 도피처라기보다 자신의 생각을 맘껏 토로할 수 있게 하는 열린 광장이었다. '상수시(Sans Souci)'라는 이름 그대로 이 궁전은 라 메트리에게 '근심 걱정이 없는' 곳이었다. 온갖 고초를 겪은 라 메트리가 이런 행운을 마다하기란 불가능했을 듯하다. 하지만 라 메트리에게 상수시는 포효하는 맹수를 가둬 먹임으로써 그 위해를 최소화하려는 쇠우리 같은 곳이기도 했다. 실제로 은밀한 감시 그리고 밖에서 가해지는 압박은 라 메트리를 항상 불안하게 했다고 한다.

상당히 많은 근대 지성들이 '근심과 걱정'을 피해 상수시에 모였다. 상수시는 "18세기 당시의 유럽의 지성 활동의 거대한 중심지 중의 하나였다"(Hofstadter, 1999: 3). 볼테르 역시 그러한 지성 중 하나였고, 레온하르트 오일러(Leonhard Euler) 같은 수학자, 여러 자연과학자와 예술가가 상수시에 모여들었다. 따라서 상수시가 18세기 근대 계몽기를 견인한 장소였음은 의심할 여지가 없다. 하지만 불행하게도 라 메트리의 호사스러운 궁정 생활은 그리 길지 않았다. 베를린에 도착한 지 3년이 되던 1751년 라 메트리는 갑작스레 죽음을 맞이한다.

식중독 등 사인에 관한 설은 분분하지만 확실하게 알려진 바는 없다. 볼테르의 말대로 결국 라 메트리는 상수시 궁전을 벗어나지 못한 채 "왕궁 속의 무신론자"로 죽었다. 그의 죽음을 접한 사람들의 태도는 극명하게 엇갈렸다. 교회는 라 메트리의 죽음이 이단에 대한 신의 분노가 실현된 것이라고 보며 더없이 기뻐했지만, 그를 아낀 사람들에게는 애통한 일이었다. 프리드리히 대왕은 조사에서 라 메트리를 다음과 같이 회고했다. "경건한 체하는 신학자들의 모욕에서 자유로운 모든 이가 라 메트리 선생을 애도합니다. 그는 좋은 사람이었으며 지혜로운 의사였습니다."(Smith, 2002: 114) 프리드리히 대왕의 총애 그리고 베를린의 자유로운 분위기에도 불구하고 라 메트리는 항상 조국 프랑스로 돌아가길 원했고 귀국할 방법을 팔방으로 모색했다고 전해진다. 하지만 결국 고향으로 돌아가지 못했다.

## 가장 급진적인 계몽주의자

프리드리히 대왕에게 라 메트리는 "좋은 사람" 그리고 "지혜로운 의사"로 여겨졌을지 모르지만, 그를 이렇듯 긍정적으로 평가한 이들은 외려 드물었고 대체로 그에 대한 당대의 평가는 냉혹했다. 라 메트리는 프리드리히 대왕, 나아가 칸트가 그러하듯 계몽의 시대를 대표한 인물이다. 칸트의 말대로 "인간이 스스로 떠안고 있는 미성숙함에서 벗어나는" 것이 '계몽'이라면, 계몽의 실천과 확산은 일종의 투쟁을 함축할 수밖에 없다(Kant, 1964: 53). 당시 모든 이에게 각인되고 체화된 오랜 통념·관습이 지속되는 것은 계몽주의자들이 보기에 '미성숙' 상태 그 자체였다. 따라서 이들은 공히 그러한 통념·관습을 무너뜨리기 위해 진력

했다. 이러한 지향은 당연히 저항에 직면했다. 오래된 것은 완강한 관성을 지니거니와 이를 지키려는 이들의 목소리 또한 드높은 까닭이다. 계몽의 시대는 오랜 것과 새로운 것 사이의 투쟁이 격렬했던 시간이다.

라 메트리는 특히 도전적인, 더 정확하게 말하자면 도발적인 계몽주의자였다. 칸트처럼 차분한 논리나 온건한 접근 방식을 갖춘 이들도 있었지만 라 메트리는 그들과 확실히 달랐다. 교회든 의료계든 상대방을 비판할 때 대체로 '조롱'의 방식을 선호했다. 더욱이 당시로서는 너무도 파격적인 관점을 지니고 있었고 이를 망설임 없이 드러내곤 했다. 레이던에 머물 때 발표한 ≪인간-기계≫는 라 메트리의 관점이 지닌 파격성을 고스란히 드러내는 그의 대표작이다. 라 메트리는 늘 급진적인 생각을 풍자와 희화화의 방식으로 거침없이 공개했다. 결국 라 메트리의 사유는 내용과 형식 모두 강한 반감을 불러일으킬 수밖에 없었다. 그래서 라 메트리는 교회를 비롯한 보수적 집단에 공격당했을 뿐 아니라 '계몽'이란 기치를 공유한 지성들에게도 비판과 지탄의 대상이 되었다.

종교계 인사나 종교 친화적인 철학자는 말할 나위도 없고, 심지어 철학사에서 '계몽주의자'라는 이름하에 동류로 묶이는 이론가들까지 라 메트리 비판에 적극적으로 합류

했다. 프랭클린 보머(Franklin Baumer)에 따르면 라 메트리는 "일반적으로 기독교인들과 볼프주의적인 합리주의자들, 그리고 심지어 인간 본성을 완전히 기계로 취급하는 데 대해 집요하게 반대했던 디드로를 포함한 몇몇 계몽사상가들로부터 아주 강한 저항을 받았다"(Baumer, 2010: 238-239). 드니 디드로(Denis Diderot)는 계몽주의자이자 유물론자로서 사상적으로 라 메트리와 접점이 적지 않은 인물이다. 그래서 디드로의 라 메트리 비판은 다소 의아하기까지 하다.

유물론의 강력한 대두는 계몽의 시대를 규정하는 핵심 계기 가운데 하나다. 말하자면 이 시대를 돌아볼 때 결코 간과하기 힘든 사상적 흐름이다. 라 메트리, 디드로 외에 클로드 아드리앵 엘베시우스(Claude Adrien Helvétius), 돌바크(d'Holbach) 등 쟁쟁한 이론가들이 18세기 유물론의 역사에 자리한다. 이들은 자연과학의 성과와 이성적 통찰에 근거해 신성과 이념을 중심으로 하는 낡은 세계관을 전복하고자 했다. 신의 존재를 부정한 이들도 있었고, 설사 신이 있더라도 그것은 사람들의 오랜 믿음과 다른 형상이며 그 존재 특성 또한 합리적으로 설명될 수 있어야 한다고 주장한 이들도 있었다. 실제로 상수시의 동료 볼테르는 당대의 교회와 교회가 주조한 신을 거부했다. 이들에 앞서 인간의 오랜 자기규정을 부정한 이들도 있었다. 토머스 홉스(Thomas Hobbes)와 버나드 맨더빌(Bernard Mandeville)은 계몽주의자들보다 먼저 인간의 동물적·이기적 본성에 주목했고 이를 세상에 공표했다. 이들 모두 오랜 통념에 가차 없이 도전했고 그 대가로 세간의 맹렬한 비난과 박해를 감내해야 했다.

## 독설과 악명

라 메트리와 동시대 유물론자들은 역사적 전환기의 시대정신을 공유한 사람들이다. 따라서 서로 대립하기보다 상호 영향하에 손을 맞잡을 가능성이 더 컸다고 할 수 있다. 그럼에도 불구하고 라 메트리는 '동류'조차 등을 돌린 이론가였던 셈인데, 여기에는 몇 가지 이유가 있다. 첫째는 라 메트리의 입론 방식이다. 상대를 향한 조롱과 풍자는 같은 편에 선 이들에게 일면 통쾌함을 선물할 수도 있다. 하지만 빼어난 문학성 없이 풍자가 힘을 발휘하기란 쉽지 않다. 이런 면에서 볼테르나 디드로는 라 메트리보다 한 수 위였다. 볼테르는 이론의 여지 없이 계몽의 시대를 대표하는 문학가였다. 디드로는 볼테르만큼 잘 알려져 있지는 않지만 철학적 사유를 자유로운 글쓰기로 펼쳐 낸 그의 문학적 탁월성은 오늘날 새롭게 재조명되고 있다(Diderot, 2006: 11-40).

문학적 구색에 얽매일 필요가 없는 근대 계몽사상가라면, 예컨대 철학자라면 수사보다 훨씬 중요한 것은 '논리'였다. 모든 지식의 지평이 '우상'을 버리고 '합리성' 위로 이행하던 시기임을 상기하자. 이 시대는 "모든 것에 합리성이라는 분위기"가 가득 차오르던 때였다(Baumer, 2010: 264). 라 메트리의 유물론적 주장은 논리적 설득력에 관한 한 예컨대 돌바크만큼 치밀하지 못했다. 돌바크에 의해 유물론이 "빈틈없는 논리에 따라 좀 더 완성된 사상적 형태를 띠게 되었다"는 철학사의 평가는 공연히 나타난 것이 아니다(Störig, 1985: 122).

올바른 앎, 즉 '우상'을 배제하는 앎을 정립하고 전달할 때 파격성은 불가피하다. 충격 없이 오랜 독사(doxa)를 허물기란 생각하기 어려운 까닭이다. 단, '충격'은 언제나 반작용을 불러오기 마련이고 이 반작용은 대개 지독한 '비난'의 형태로 들이닥친다. 이를 각오하고 돌파하는 것이 라 메트리는 물론 앞서 거론한 계몽주의자들 모두에게 주어진 과제였다. 여기서 어떤 이들은 빼어난 문학적 수사로 사람들을 매료하면서, 또 어떤 이들은 탁월한 논리로 세인을 설득하면서 자신의 주장을 관철해 나갔다. 라 메트리는 딱히 이런 세련된 방식을 취하지 않았다. '인간-기계'라는 가장 파격적인 입론을, 팸플릿 논쟁 투의 가장 도발적인 어조로 펼치는 것이 그의 스타일이었다. 계몽주의의 공적들은 물론이고 심지어 계몽주의자들조차 라 메트리에게 등을 돌린 이유, 그리고 그의 '악명'이 드높았던 이유는 상당 부분이 지점에서 찾을 수 있을 것이다.

칸트조차 라 메트리를 의식한 듯한 언급을 한 적이 있을 정도로 라 메트리의 부정적 명성은 자자했다. 앞서 언급했듯 라 메트리를 맹렬하게 비판한 무리에는 "볼프주의적인 합리주의자들"이 포함되는데, 볼프의 제자인 칸트는 어쩌면 이 계통의 이론가 가운데 가장 대표적인 인물이라 할 수 있다. 이런 칸트가 라 메트리의 이름과 그 주장을 몰랐을 리는 없을 것이다. "계몽이란 무엇인가에 대한 답변"에서 칸트는 계몽된 군주의 권력이 통치 원칙이 될 때 이는 만인의 자유를 억누르는 억압적 기제가 아니라 오히려 진정한 자유를 보장하는 바탕이 될 수 있음을 강조하면서 글을 맺는다. 칸트는 그와 같은 통치 원칙이 "인간, 즉 기계가 아니라 그 이상인 인간을 그 존엄함"에 걸맞게 존립할 수 있도록 보장하리라 보았던 것이다(Kant, 1964: 64).

여기서 눈길을 끄는 것은 '기계가 아니라 그 이상인 인간'이라는 표현이다. 인간의 존엄함을, 즉 인간이 여타 존재와 다른 차별적 존재임을 드러내려 했다면 '동물 또는 사물이 아니라 그 이상인 인간'으로 말하는 편이 더 적합했을 듯하다. 굳이 기계와 인간을 비교할 필요는 없었고, 글의 전후 맥락을 살펴봐도 여기서 '기계'가 등장해야 할 이유는 딱히 찾기 어렵다. 그럼에도 칸트가 인간을 '기계' 이상인 존재로 언급한 것은 추정컨대 라 메트리를 의식한 것으로 보인다. 주지하다시피 칸트는 기계론적 인과율이 적용되는 대상(phenomenon)과 그렇지 않은 대상(noumenon)을 구분했다. 기계론이나 인과율로 포착되지 않는 영역이 있음을 분별하려는 의도에서였다. 따라서 칸트는 인간과 세계 전체를 기계론적으로 이해하는 관점에 동의할 수 없었고, 라 메트리의 '인간-기계'는 칸트가 문제 삼은 태도 가운데 가장 극단적인 '형이상학적' 전형이었다. 이처럼 라 메트리는 계몽주의의 한가운데에 있으면서도 가장 뾰족하게 돌출된 모난 돌이었다.

## 참고문헌


Baumer, F. L.(1977). *Modern European Thought: Continuity and Change in Ideas, 1600-1950.* New York: Macmillan. 조호연 옮김(2010). ≪유럽 근현대 지성사≫. 현대지성사.

Clark, C. M.(2006). *Iron Kingdom: The Rise and Downfall of Prussia, 1600-1947.* London: Penguin. 박병화 옮김(2020). ≪강철왕국 프로이센≫. 마티.

Diderot, D.(1830/1921). *Entretien entre D'Alembert et Diderot; Rêve de D'Alembert; Suite de l'entretien.* Toronto: University of Toronto. 김계영 옮김(2006). ≪달랑베르의 꿈≫. 한길사.

Hofstadter, D. R.(1979). *Gödel, Escher, Bach: An Eternal Golden Braid.* New York: Harper-Collins. 박여성 옮김(1999). ≪괴델, 에셔, 바흐: 영원한 황금 노끈≫. 까치.

Kant, I.(1964). *Werke XI.* Frankfurt am Main: Insel.

La Mettrie, J. O. de(1748/1984, 1987). *Œuvres philosophiques I, II.* Corpus des Œuvres de Philosophie en Langue Française. Paris: Fayard.

La Mettrie, J. O. de(1748/1996). *L'Homme Machine. Œuvres philosophiques I.* Corpus des Œuvres de Philosophie en Langue Française. Paris: Fayard. 여인석 옮김(2020). ≪라 메트리 철학 선집≫. 섬앤섬.

La Mettrie, J. O. de(1774). *Œuvres philosophiques II.* Berlin.

La Mettrie, J. O. de(1775). *Œuvres philosophiques III.* Berlin.

La Mettrie, J. O. de(1912). *Man a Machine(L'homme machine).* Chicago: The Open Court Publishing Co.

Smith, C. U. M.(2002). Julien Offray de la Mettrie(1709-1751). *Journal of the History of the Neurosciences, 11*(2), pp.

110–124.
Störig, H. J.(1970). *Kleine Weltgeschichte der Philosophie.* Stuttgart; Berlin; Köln; Mainz: Kohlhammer. 임석진 옮김(1985). ≪세계철학사 下卷≫. 분도출판사.
Wellman, K.(1992). *La Mettrie: Medicine, Philosophy, and Enlightenment.* Durham; London: Duke University Press.

## 04
## '기계적 유물론'

라 메트리의 파격적 유물론이 당대에 비판과 저항의 대상이기만 한 것은 아니었다. 당시 과학의 성과, 기술 발전, 나아가 시대정신을 선명하게 표출해 일정하게 지지받기도 했다. 그러나 스스로 옳다고 믿는 사실을 과감하게 피력하는 용기와 실천에도 불구하고 라 메트리에 대한 평가는 '기계적 유물론' 등으로 고착된 채 오늘날까지 이어지면서 합당한 재평가를 가로막고 있다.

라 메트리의 관점이 일방적으로 비판받거나 저항을 마주하기만 한 것은 아니다. 라 메트리의 주장은 당시 지성사적 흐름을 극명하게 반영한다. 당시로서는 수용하기 힘든 파격성을 띤 것은 사실이지만 그렇다고 아무런 맥락 없이 돌출된 도발적 주장은 아니었다. "당대의 생리학 이론으로부터 영감을 얻은 인간-기계 관념은 당시에 아주 유행"(Baumer, 2010: 238)했기에 라 메트리의 견해는 어느 정도 지지를 받기도 했다. 하지만 그보다 비판과 저항의 강도가 훨씬 강했기 때문에, "라 메트리에 대한 반대가 이처럼 강한 것을 보면, 우리는 심지어 18세기의 전반부에서조차 '인류를 폄하한 사람들'이 결코 자기 마음대로 주장을 펼칠 수 없었음을 알 수 있다"(Baumer, 2010: 238-239). 비록 숱한 비판과 저항, 압박에 직면하긴 했지만 라 메트리는 결코 위축되지 않았다.

그래서 라 메트리의 도발적 글쓰기는 낡은 통념의 끈질긴 잔류를 떨구려는 집요한 분투였다. 거슬리는 글쓰기, 말하자면 비판의 대상을 가차 없이 공격하고 비꼬는 어투는 18세기 프랑스 의료계의 팸플릿 논쟁에 뿌리를 둘 가능성이 높다. 익명 혹은 가명으로 비공식 인쇄물을 통해 상대방에 대한 공격과 비판을 여과 없이 표출했던 이 독특한 관행은 19세기 이후 혁명의 역사에서 완전히 무르익는다. 따라서 혁명가 또는 혁명적 사상가의 글을 읽어 본 사람이라면 이 말투가 어떤 것인지 충분히 짐작할 수 있을 터다.

19세기 이후 공식적 출판물로 확대되는 사례가 좀 더 잦아졌다는 차이가 있을 뿐 타협의 여지를 남기지 않는 전투적인 글쓰기 유형은 라 메트리 사후에도 살아남아 지성사와 역사의 흐름 속에 간직되었다. 후대의 혁명가들이 자신들의 정의감과 믿음에 기반해 물러섬 없는 글의 전투를 벌였듯이 라 메트리 또한 소명의식으로 가득한 비장한 의지를 자신의 글에 담아냈다. 당시 라 메트리의 글을 접한 사람들은 대개 분노 또는 당혹감만 느꼈겠지만, 수 세기가 흐른 지금 그러한 글쓰기의 이면은 반드시 독해되어야 한다. 그토록 단호하지 않으면 거짓을 몰아낼 수 없다는 절박함, 그리고 이를 실행한 용기 말이다.

라 메트리의 생각, 그 표현 방식을 이렇듯 전환적 시선으로 보려는 것은 궁색한 옹호가 아니다. 또는 수백 년이 흐른 오늘날 비로소 가능해진 관용적 해석도 아니다. 라 메트리는 당시 자연과학과 철학의 성과를 수용하고 나름대로 종합해 독자적 사유로 정립했고, 이를 망설임 없이 드러내려 했다. 라 메트리는 자신의 주장이 파격적임을, 아울러 자신의 글쓰기 방식이 이러한 파격성을 더욱 증폭할 것임을 충분히 인지하고 있었다. 하지만 자신의 주장과 입론이 정당하다는 확신이 있었으며 낡고 거짓된 통념과 관습이 반드시 붕괴되어야 함을 믿어 의심치 않았다. 그렇다면 세간의 비난과 억압이 두려워 자신의 생각을 발설하지 못하는 것은 굴욕일 뿐 아니라 비겁함일 것이었다.

1751년 상수시에서 완성한 ≪철학 저작집≫에서 라 메트리는 이렇게 말한다. "우리 행동에서처럼 글에서도 자유로워지자. 공화국 시민의 길들여지지 않은 독립성을 보여 주자. 철학자는 고귀한 담대함을 가지고 글을 써야 한다. 그렇지 않다면 그는 철학자가 아닌 사람들처럼 엎드려 기어야 할 것이다." 확실할 뿐 아니라 유용한 "진리를 말하는 것"은 "항상 좋은 일"이며, 거꾸로 해묵은 허위의 "포로가 되어 굴복한 채 머물러야 한다면" 진리를 마주해야 하는 인간의 이성은 참으로 "쓸모없는 인간의 속성"일 따름이다. 거짓에 대한 굴복은 "인류를 낮은 단계로" 퇴보시키는 것이자 "미신과 야만을 장려하는 일"이기에 라 메트리는 비난의 굴레를 감내할지언정 진리에 침묵하는 굴욕만은 거부해야 했다(이영목, 2020: 219에서 재인용).

## 고착화된 혹평

라 메트리의 사유는 당대 지성사의 걸출한 성과들을 함축했고 이는 다시 그의 저술을 통해 과감하게 표출된다. 이처럼 나름대로 지성사적 의미를 지님에도 라 메트리에 대한 평가는 대체로 야박한 편이다. 당대의 평가와 후대의 평가를 비교하면 그나마 전자가 조금 낫다고 할 수 있다. 대개 혹평받기는 했지만 지지와 동조 또한 없지 않았기 때문이다. 하지만 후대의 평가는 더 가혹했다. 단순히 부정적 평가를 내렸기 때문이 아니라, 라 메트리의 사유를 특정한 의미로 고착시킨 뒤 이를 한동안 되풀이했을 뿐이기 때문이다.

라 메트리에 대한 연구가 활기를 띤 것은 비교적 최근의 일이다. 따라서 상당히 오랫동안 적절한 재조명과 이에 근거한 재평가는 이뤄지지 않은 셈이다. 더 정확하게 말하자면 이처럼 단순화된 평가 탓에 라 메트리의 사유가 지닌 풍부하고 입체적인 맥락은 오랫동안 유실된 상태였다. 적절한 재평가는커녕 모멸과 비난에 가까운 경우도 적지 않았다. 예컨대 라 메트리의 이론은 "하급 계몽주의"로 폄하되고, 라 메트리라는 인간 자체에 관해 "걸출하고, 탐식가인 물질"이었으나 "이 기계는 소화불량으로 죽었다"고 조롱한 이도 있었다(김보영, 2018: 278, 263-264).

계몽주의 덕에 개화하기 시작한 근대 유물론은 19세기에 더욱 진전된 형태로 전개된다. 포이어바흐는 더욱 정교한 논변으로 신성을 세속으로 해체하면서 유물론의 새로운 지평을 열었다. 포이어바흐의 사유가 카를 마르크스와 프리드리히 엥겔스(Friedrich Engels)에게로 이어진 뒤 20세기 유물론의 장이 열린다. 즉 라 메트리 사후 유물론의 전통은 지성사에서 잦아들었다기보다 한층 심화·확장되는 양상을 뚜렷하게 드러냈다.

유물론의 지적 전통이 증폭되는 과정에서 라 메트리에 대한 재평가 또한 다양한 각도에서 이뤄졌을 법하다. 하지만 실상은 그렇지 않았다. 러시아혁명 이후 교조화된 마르크스-레닌주의 철학의 전통은 유구한 지성사를 관념론과 유물론으로 대분한 뒤 전자보다 후자를 유의미한 흐름, 즉 무계급의 이상을 향한 역사의 도정에 부합하는 전통으로 정형화한다. 여기서 라 메트리의 사유는 일단 유물론이라는 점에서 바람직하지만 덜 여문 철학적 사유의 일종으로 치부되고 만다. 그리고 이러한 규정은 이 전통 속에서 좀처럼 변화하지 않았다.

## 유물론 대 유물론

이러한 교조적 관점의 직접적 기원은 물론 마르크스다. 하지만 소비에트의 철학이 마르크스를 고스란히 계승했다기보다 편취하고 변용한 것도 사실이다. 그렇다면 유물론의 새로운 지평을 열었다고 평가받는 마르크스 자신은 라 메트리를 어떻게 평가했을까? 마르크스는 ≪신성가족(Die heilige Familie)≫이라는 저술에서 라 메트리의 이름을 직접 언급하며 평가했다. 여기서 마르크스는 프랑스 유물론을 데카르트적 전통과 로크적 전통으로 대분한다.

데카르트적 전통은 자연과학과 그 성과에 친화적이면서 존재론·형이상학의 영역에 적용된 유물론의 흐름을 가리킨다. 그리고 로크적 전통은 인간의 사회·역사로 확장될 가능성을 지닌 유물론적 경향을 일컫는다. 이 구분법은 변증법적 유물론 대 역사적 유물론이라는 분별의 원형에 해당한다. 마르크스는 특히 데카르트적 전통에서 "그 중심은 라 메트리"임을 분명히 한다. 라 메트리와 근대 프랑스 유물론이 종래의 신학·형이상학에 대한 도전에서 중요한 역할을 했음을 인정한 것이다.

더욱이 마르크스는 홉스의 철저한 환원주의를 비판함으로써 라 메트리 사유의 긍정적 가능성을 우회적으로 드러낸다. 인간과 사회의 복잡한 양태를 적절하게 설명하려면 이를 단순히 '물질'로 환원하는 데 그치기보다 이론적 확장을 통해 그 독자적 특징을 규명해야 한다고 보았기 때문이다. 라 메트리는 모든 존재와 현상을 물질로 환원하는 데 그치지 않고 '도덕', '교육', '행복' 등을 적극적으로 논했다. 그럼에도 라 메트리 이론에 대한 마르크스의 명명은 "기계적 유물론" 그 이상도 이하도 아니었다. 더욱이 마르크스의 이름으로 내려진 이 규정은 이후 라 메트리를 비롯한 당대의 유물론자·계몽사상가 일부의 태도를 싸잡아 지칭하는 용어로 굳어진다. 이로써 라 메트리의 사유는 '기계적 유물론'이라는 이름에 갇히게 되고, '기계적 유물론'은 이후 지성사에서 모종의 이론적 미숙성을 함축하는 용어로 고착화된다(Marx & Engels, 1991: 116-117).

결국 라 메트리는 정신·이성의 전통 위에 서 있던 이들에게 비판받고 폄하되었을 뿐 아니라 유물론의 전통에서도 제대로 평가받지 못한 셈이다. 오늘날 라 메트리에 대한 평가는 여전히 이러한 전사(前史)의 영향하에 있다. 라 메트리에 대한 현대적 조망 역시 이전의 평가를 이어받아 대체로 '기계론', '결정론', '유물론' 등의 용어를 중심으로 정형화되어 있을 뿐, 그 의의 등에 대한 합당한 재평가 또는 재해석이 부족하다. 따라서 라 메트리의 철학적 사유가 지닌 가능성을 재조망하는 일은 우리에게 주어진 과제다. 그나마 다행인 것은 수준 높은 국내외 연구 성과가 축적되고 있고, 한국에서는 ≪인간-기계≫를 비롯한 라 메트리의 주저가 몇 해 전 번역되었다는 점이다. 라 메트리의 사유를 직접 마주해 굴절 없이 곱씹을 수 있을 뿐 아니라 다각도의 재조명, 다양한 해석을 참고할 수 있으니 이제 진정으로 그를 만날 때가 무르익었다고 할 수 있다.

## 참고문헌

김보영(2018). "라 메트리의 『인간기계』와 유물론의 부활". ≪청람사학≫, 27, 261-306쪽.

이영목(2020). "대담한 글쓰기: 라 메트리의 「서문」 읽기". ≪불어불문학연구≫, 122, 217-243쪽.

Baumer, F. L.(1977). *Modern European Thought: Continuity and Change in Ideas, 1600-1950.* New York: Macmillan. 조호연 옮김(2010). ≪유럽 근현대 지성사≫. 현대지성사.

La Mettrie, J. O. de(1748/1984, 1987). *Œuvres philosophiques I, II.* Corpus des Œuvres de Philosophie en Langue Française. Paris: Fayard.

La Mettrie, J. O. de(1748/1996). *L'Homme Machine. Œuvres philosophiques I.* Corpus des Œuvres de Philosophie en Langue Française. Paris: Fayard. 여인석 옮김(2020). ≪라 메트리 철학 선집≫. 섬앤섬.

La Mettrie, J. O. de(1774). *Œuvres philosophiques II.* Berlin.

La Mettrie, J. O. de(1775). *Œuvres philosophiques III.* Berlin.

La Mettrie, J. O. de(1912). *Man a Machine(L'homme machine).* Chicago: The Open Court Publishing Co.

Marx, K. & Engels, F.(1845). *Die Heilige Familie.* 최인호 외 옮김(1991). ≪칼 맑스 프리드리히 엥겔스 저작선집 1≫. 박종철출판사.

Smith, C. U. M.(2002). Julien Offray de la Mettrie(1709-1751). *Journal of the History of the Neurosciences, 11*(2), pp. 110-124.

Wellman, K.(1992). *La Mettrie: Medicine, Philosophy, and Enlightenment.* Durham; London: Duke University Press.

## 05
## 인간-기계

라 메트리는 인간에 대한 오랜 정의를 전복함으로써 동시대인들에게 충격을 주었다. 이 전복적 생각은 '인간-기계'로 압축된다. 이는 '시계' 등 정교한 기계장치가 오토마타(자동인형)로 발전한 시대적 배경, 생리학·해부학의 발전과 무관하지 않다. 이러한 역사적·지성사적 맥락 위에서 라 메트리는 영혼이나 정신을 물질 또는 물질적 작용으로 설명하며 마침내 인간을 기계로 선언했다.

## ≪인간-기계≫

라 메트리의 대표작 ≪인간-기계(L'Homme Machine)≫는 "인간기계론"이라는 제목으로 국역본 ≪라 메트리 철학 선집≫에 수록되어 있다. 그 외에도 ≪영혼론≫, ≪인간-식물≫ 등 라 메트리의 주요 저술이 이 국역본에 함께 담겨 있어서 라 메트리 사유의 핵심과 대강을 이해하는 데 큰 불편함이 없다. 원저가 탄생한 지 무려 3세기 가까이 지나기는 했지만 이렇게나마 라 메트리의 주요 저술을 만날 수 있게 된 것은 다행이 아닐 수 없다.

한 가지 유의할 점은 라 메트리 ≪인간-기계≫의 서술 방식이 다소 특이해 독해가 불편할 수도 있다는 사실이다. ≪인간-기계≫는 하나의 통글로 구성된다. 대개 학문적 사유의 결과물은 논리적이고 체계적인 구성을 갖기 마련이고 이는 의당 저술의 편제 자체에 반영된다. 하지만 ≪인간-기계≫에는 장이나 절의 구분이 없다. 따라서 '불편함'은 특히 분석적 접근을 하려 할 때 발생할 수 있다. 특정한 개념, 논지 등을 중심으로 하는 논의의 분별이 순전히 독자 또는 연구자의 몫이 되기 때문이다.

국역본을 기준으로 했을 때 80여 쪽 정도의 짧은 글이기에 생각보다 불편함은 크지 않지만, 논지 전환 등에 유의하면서 읽을 필요가 있음은 분명하다. 이러한 구성 자체도 부분적으로나마 라 메트리의 태도를 반영한다고 볼 여지가 충분하다. 자신의 사유가 일정하게 정리되었다면 거침없이 토로하는 것을 조금도 망설이지 않는 스타일 말이다. 기백이 넘치는 '일필휘지'가 주는 아쉬움은 장과 절의 구분이 없다는 점 외에 또 있다. 근대 이후 철학서들이 일반적으로 보여 주는 논리적·개념적 엄밀성은 애당초 기대하지 않더라도 주요 개념의 정확한 의미, 이론적 영향 관계 등도 불분명하다.

라 메트리의 사유가 독특하고 개성 넘치기는 해도 이 역시 당대 또는 이전 시대 지성사의 광대한 맥락과 결코 분리되지 않는다. 여러 이론, 사상의 영향을 받았고 그 흔적 또한 역력하다. 하지만 그러한 영향 관계에 대한 언급이 라 메트리의 글에 명시되지 않아서 다른 이론을 거의 그대로 수용한 경우와 독자적인 사유가 명확하게 분별되지 않는다. 이에 대한 정치한 분석의 짐 또한 연구자 또는 읽는 이의 몫으로 남을 뿐이다.

라 메트리는 유물론의 정당성에 강한 확신을 지녔고, ≪인간-기계≫는 이를 가장 극명하게 표출하는 텍스트다. 라 메트리가 생각하기에 "인간의 물질적 일원성"을 근본적으로 이해하고 나면 "기계가 된다는 것"과 "선과 악을 구별할 줄 아는 것" 그리고 "지성과 도덕에 대한 확실한 본능을 갖고 태어난다는 사실과 동물에 지나지 않는다는 사실은 서로 모순되지" 않는다. 라 메트리는 스스로 물질적 존재임을 받아들이는 것이 인간의 내면을 부정하는 일이 아님을 여러 차례에 걸쳐 강조한다. 이러한 확신과 역설(力說)은 "진흙 덩어리에 불과한 존재에게서 감정과 사유가 생겨난 사실"에 "불편함을 느끼지 않는다"는 단언에서 극명하게 드러난다. 따라서 라 메트리는 스피노자를 좇아 "인간은 기계며, 전 우주에는 다양한 방식으로 변용된 오직 하나의 실체만이 존재한다고 과감하게 결론을 내리자"고 제안한다(La Mettrie, 2020: 103-124).

이처럼 인간을 기계로 단언하는 라 메트리의 유물론은 거센 비판을 초래했다. 그러한 "견해는 인간을 전적으로 비하하며, 인간으로부터 모든 창의성과 자유를 박탈하고, 따라서 윤리를 위협하는 것으로 보였기 때문이다"(Baumer, 2010: 237). 확실히 라 메트리의 유물론, 특히 인간이 기계라는 선언은 파격적이며 단호하다. 이에 따르면 "혼의 모든 능력은 뇌와 몸 전체의 적절한 조직화" 그 자체일 뿐이다. '혼'이라고 불리는 것을 지녔다고 해서 "인간이 덜 기계적인 존재"인 것은 아니며, 그런 특별함은 "인간에게는 가장 완벽한 동물들에 있는 것보다 더 많은 톱니바퀴와 태엽

이" 있음을 말해 줄 따름이다.

"인간은 동물에, 혹은 태엽의 집합에 불과하다는 사실"은 명약관화하다. 영혼은 "뇌에 있는 감각물질의 일부"며, 뇌는 "모든 기계의 주된 태엽"이라고 할 수 있다. 참고로 국역본에서 '혼' 또는 '영혼'이 혼용되는데, 이들 모두 'âme'을 우리말로 옮긴 것이며 '영혼'으로 통일해도 무방하다. 라 메트리의 '영혼'은 대체로 인간의 정신과 그 작용 일체 또는 뇌의 작용·기능을 일컫는다. 이처럼 인간과 기계를 극단적으로 동일시하는 라 메트리의 주장은 상당히 직설적이고, "몸은 시계에 불과"하다는 확신에서 극에 달한다 (La Mettrie, 2020: 103-124).

## 인간-시계

'시계'는 당대에 가장 정교한 첨단 기계였다. 따라서 라 메트리가 몸을 시계에 빗댄 것은 인간이라는 기계의 정교함과 복잡함을 표현하기 위함이었다고 할 수 있다. 이와 관련해 유념할 점은 당대에 '시계'는 최첨단 기술의 산물이었고, 이를 응용한 '오토마타'는 인간에 의한 생명 창조의 상상을 폭넓게 자극할 만큼 정교했으며 세간의 관심 또한 대단했다는 사실이다. 언뜻 보기에 '시계'가 라 메트리의 논의에 다소 뜬금없이 등장했다고 생각할 수 있지만, 당시 상황을 이해하면 이 장치가 자주 거론되는 까닭을 충분히 납득할 수 있다. 14~18세기 유럽 문명에서 시계가 일으킨 변화는 일상과 문화에 막대한 영향을 미쳤다. 따라서 자연과학의 발달과 더불어 기계장치의 발전·보급 또한 라 메트리의 이론적 상상에 중대한 자원이었다고 할 수 있다(Cipolla, 2013 참고).

시계 등 정밀 기계장치의 발달은 '오토마타'처럼 정교하게 움직이는 자동인형으로 이어졌다. 이는 당시에 엄청난 고가의 사치품이었다. 특히 자크 드 보캉송(Jacques de Vaucanson)은 전설적인 오토마타 장인이었는데, 라 메트리도 그 이름을 거론할 정도로 당대에 이름이 널리 알려져 있었다. 이런 장인에 의해 더 이상 "불가능한 것으로 여겨지지 않는 기계인 '말하는 인형'"은 일반적 기계장치를 만드는 것보다 훨씬 탁월한 기술을 필요로 한다. 그렇다면 생명체는 어떠한가? 라 메트리는 "자연은 백 년 동안 박동하는 심장과 정신을 가진 기계를 만들고 유지하기 위해서 보다 많은 기술과 수단을 동원해야 했다"고 말한다(La Mettrie, 2020: 112-113).

여기서 "심장과 정신을 가진 기계"란 '인간'을 말한다. 이렇듯 라 메트리의 사유는 부분적으로 오토마타와 '인간-기계' 사이의 유비에 기반한다. 생리학이나 해부학의 발전이 인간 신체의 구조와 작동을 규명해 이러한 유비를 가능하게 했음은 물론이다. '기계'와 인간의 '몸'을 묶은 '인간-기계'라는 발상은 당시 시대 상황을 고려할 때 언뜻 괴이쩍게 여겨지지만 뜻밖에도 그 탄생 배경은 당대의 역사적·지성사적 맥락 그 자체였다.

## 물질과 정신

라 메트리는 '영혼'에 관한 철학적 입장을 중심으로 유물론과 유심론을 구분한다. 라 메트리의 입장은 전자에 해당하며 후자를 명백하게 비판한다. 아울러 이원론 또는 다원론이란 라 메트리가 보기에 무지몽매한 태도였다. '생각'을 '몸'이라는 물질에서 분리하는 모든 입장, 따라서 복수의 실체를 상정하는 관점이 물질 자체에 대한 몰이해에서 비롯된다고 보았기 때문이다. 라 메트리는 이러한 분리 자체, 그리고 분리된 양자의 결합을 고민하는 일 모두 똑같이 딱한 일이라 여겼다.

그래서 예컨대 "동물이 순수한 기계라는 사실을 최초로

완벽하게 증명"했다는 점에서 데카르트를 높이 평가했지만, 이원론 즉 복수의 실체를 인정하는 관점은 결코 받아들일 수 없었다. 고트프리트 빌헬름 폰 라이프니츠(Gottfried Wilhelm von Leibniz)는 그러한 분리의 함정에 빠지지는 않았지만, 데카르트와 유사한 전제 위에서 "영혼을 물질화하기보다는 물질을 영혼화"하는 잘못된 길로 들어섰다고 보았다. 여기서 "물질을 영혼화"했다는 지적은 라이프니츠의 모나드(monad) 개념을 비판한 것이다(La Mettrie, 2020: 46, 114).

라 메트리의 이러한 비판적 관점은 종교와 신학에도 동일하게 적용된다. 라 메트리는 일견 프리드리히 니체(Friedrich Nietzsche) 못지않게 반종교적인 인물이었을 듯하지만 실은 그렇지 않다. 신 자체의 부정보다 경험과 관찰을 통해 확인할 수 없는 존재에 대한 '침묵'이 그에게 중요했기 때문이다. 라 메트리가 문제시한 태도는 '신성', '영성', '정신' 등 그에 대해 침묵해야 마땅한 것들을 편파적으로 강조하고 지지하는 신학적 입장이었다.

"신이 존재한다면 그는 자연의 창조자이자 계시를 만든 자"로서 자연과 계시에 닿을 수 있도록 우리에게 이성을 부여한 자다. 하지만 이성의 장소는 "살아 있는 인간의 몸"이며 "몸"은 신의 피조물 또는 자연적 존재라는 점에서 계시를 함축하는 텍스트 그 자체다. "계시가 존재한다면 그것은 자연을 부정"하는 것일 수 없는 까닭이다. 일부 신학자는 유물론자들이 고귀한 "우리의 영혼을 진흙 덩어리에 불과한 것으로 격하"한다고 비난하지만, 라 메트리는 인간의 "비천한 기원"이 인간과 그 영혼의 숭고함과 아름다움을 손상하지는 않는다고 본다. 오히려 가장 직접적이고 명료한 대상 그리고 그에 관한 진리와 양립할 수 없는 신앙은 라 메트리가 보기에 진정한 신앙이 아니었다(La Mettrie, 2020: 47).

그러므로 "혼은 공허한 개념"이다. 그저 생각과 관련된 어떤 것을 지칭할 따름이다. 따라서 '혼'은 어리석은 믿음에 기반한 말, 즉 "건전한 정신이 사용해서는 안 되는 단어"다. 인간-기계의 동력은 물론 신체적 힘이며, 인간은 이 힘 덕에 움직이고 생각한다. 의지의 힘은 이 동력에 기반한 신체 작용과 분리할 수 없고, 동력의 원천인 식이법에 의해 정신적인 것들이 결정된다. '사유능력'은 신체와 감각에 수반되며 그것들이 사라질 때 당연히 함께 사라진다. 요컨대 영혼, 의지, 사유, 정신 등은 모두 몸에 깃드는 것이자 몸의 작용이며, 몸을 떠나 존재할 수 없는 것으로서 별도의 실재성을 갖지 못한다(La Mettrie, 2020: 96-111).

## 참고문헌


Baumer, F. L.(1977). *Modern European Thought: Continuity and Change in Ideas, 1600–1950.* New York: Macmillan. 조호연 옮김(2010). ≪유럽 근현대 지성사≫. 현대지성사.

Cipolla, C. M.(1967). *Clocks and Culture, 1300–1700.* New York: Walker & Co. 최파일 옮김(2013). ≪시계와 문명≫. 미지북스.

La Mettrie, J. O. de(1748/1984, 1987). *Œuvres philosophiques I, II.* Corpus des Œuvres de Philosophie en Langue Française. Paris: Fayard.

La Mettrie, J. O. de(1748/1996). *L'Homme Machine. Œuvres philosophiques I.* Corpus des Œuvres de Philosophie en Langue Française. Paris: Fayard. 여인석 옮김(2020). ≪라 메트리 철학 선집≫. 섬앤섬.

La Mettrie, J. O. de(1774). *Œuvres philosophiques II.* Berlin.

La Mettrie, J. O. de(1775). *Œuvres philosophiques III.* Berlin.

La Mettrie, J. O. de(1912). *Man a Machine(L'homme machine).* Chicago: The Open Court Publishing Co.

Smith, C. U. M.(2002). Julien Offray de la Mettrie(1709–1751). *Journal of the History of the Neurosciences, 11*(2), pp. 110–124.

Wellman, K.(1992). *La Mettrie: Medicine, Philosophy, and Enlightenment.* Durham; London: Duke University Press.

## 06
## 과학

'인간-기계'라는 라 메트리의 발상에 가장 강력하게 작용하는 배경은 당대의 자연과학이다. 스승 부르하버의 가르침 역시 의학과 자연과학의 통일성을 강조했기에 자연과학에 대한 라 메트리의 신뢰는 깊었다. 라 메트리는 자연과학의 성과에 근거해 인간을 과감하게 다시 정의할 수 있었지만, 이로써 당시 과학의 한계 또한 떨치기 어려워졌다.

## 신앙과 과학

종교와 신학을 비판하는 라 메트리의 관점은 근원적인 문제를 건드린다. 단도직입적으로 신과 영성을 부정하기보다 과학적으로 입증될 수 없는 사실을 믿고 따르는 태도 자체에 의문을 제기하기 때문이다. 이러한 문제의식은 지극히 '근대적'인 관점의 발로라 할 수 있다. 인류 사회는 아주 오랜 세월 절대적 존재에 대한 강력한 의탁 상태에서 벗어나지 못했고, 그 관성은 지금도 생생하게 작동하고 있다. 비가시적이며 결코 입증될 수 없는 존재가 가시적이며 현실적인 세상의 가장 단단한 바탕이었고, 심지어 인간 세계의 복잡다단한 구성 자체가 이 바탕에서 연역되었다고 해도 과언은 아니다. 근대는 이 보이지 않음에도 힘을 발휘하는 존재 그리고 이로부터 파생된 거대한 통념과 관습에 대한 비판과 저항이 불붙기 시작한 시대였고 라 메트리는 이러한 도전의 전위였다.

알 수 없는 존재와 그에 대한 믿음에 기댄 채 허황한 '진리'와 '실재'를 마구잡이로 주조해 내는 어리석음이야말로 라 메트리가 허물고자 애쓴 대상이었다. 그래서 라 메트리는 과학적 입증과 논리적 설명이 불가능한 존재에 대해 침묵하라고 권고한 것이다. 라 메트리에 따르면 그러한 존재를 상상하거나 믿는 일이야 도리 없지만, 그것을 합리적·학문적으로 다루는 데서 '어리석음'이 '사실'의 옷을 입게 된다. "말할 수 없는 것에 대해서는 침묵해야 한다"는 루트비히 비트겐슈타인(Ludwig Wittgenstein)의 말은 어쩌면 라 메트리의 태도와 삶을 통해 이미 오래전에 발화된 것일지도 모른다(Wittgenstein, 1981: 188-189).

아울러 '물질'이라는 바탕, 그리고 이 바탕 위에서만 확보될 수 있는 '영혼'의 영토를 따로 다룸으로써 유물론 자체가 인간에 대한 폄훼로 보이지 않게 한 것은 라 메트리가 고심한 이론적 전략으로 볼 수 있다. 즉 라 메트리는 영혼 등을 대놓고 부정하기보다 그에 관한 새로운 시각이 다소 낯설기는 하지만 과학의 성과에 힘입은 것이며 충분히 받아들일 만하다는 점을 설득하려 했다. 라 메트리가 직설적인 말투를 선호하기는 했지만 설득의 힘마저 전적으로 무시할 수는 없었다. 하지만 설득 방식과 무관하게 라 메트리의 비판적 사유와 이를 관철시키려 한 의지는 확고했다.

## 경험론, 경험과학, 의학

인간 이해의 열쇠, 즉 '자연' 또는 '몸'이라는 텍스트의 독법과 관련해 라 메트리는 의사이자 과학자로서 명백하게 경험론 혹은 경험과학적 방법을 지지한다. "경험만이 복음에 대한 진정한 해석자"라는 선언은 계시나 이법의 포착 혹은 '물질 자체에 대한 무지'의 극복에 결정적인 방법이 무엇인지 명시한다. "인간이라는 미궁"을 적극적으로 파헤친 의사들에게 '경험'과 '관찰'은 가장 믿음직한 방법론이었다. 물론 일부 철학자들은 여전히 '사변'을 고수했고, 경험이나 관찰을 그다지 신뢰하지 않았다. 반면 라 메트리는 오로지 경험과 관찰에 근거함으로써 편견, 무지, 광신에 이끌리는 미망을 차단할 수 있다고 확신했다. 비록 이러한 방법론이 모든 문제를 해결하는 것은 아니더라도 말이다(La Mettrie, 2020: 47-49).

라 메트리가 이러한 태도를 취한 것은 그가 철학자로서 경험론에 영향을 받았고, 의사로서 당대 자연과학의 발전과 그 성과에 상당히 큰 영향을 받았기 때문일 것이다. 의사이자 과학자로서 라 메트리는 분명 당대 경험과학의 정신과 성과를 수용했으며, 데카르트를 비판하고 로크를 수용한 데서 알 수 있듯 경험론의 영향을 받은 흔적도 역력하다. 하지만 전적으로 경험론자로 분류하기에 다소 모호한 부분이 없지 않다. 스피노자, 데카르트, 로크 등의 철학을 비판하면서도 일부 계승하는 데서 드러나듯 합리론자들의 주장을 완전히 배척하지는 않았기 때문이다. 따라서 라 메트리의 사유는 대체로 경험론의 전통 위에 서 있지만 합리론을 부분적으로 수용한 형태, 즉 양자의 비판적 종합에 가깝다.

스승 부르하버의 가르침은 자연과학의 성과를 적극 수용하려는 라 메트리의 태도에 결정적 계기가 되었다. 부르하버는 자연에 관한 여러 과학 분야들 그리고 그 성과가 의학의 발전에 직결된다고 확신했다. 따라서 의학 교육에서 임상 실습은 물론 화학, 물리학, 생리학, 해부학, 식물학 등을 함께 가르쳤다. 부르하버의 이러한 의학 교육관은 전환적인 자연관·인간관을 전제했다. 인간의 생명·질병을 탐문하는 의학과 물리학·생리학 등 여타 자연과학을 강력하게 연계한 것은 인간이 철저히 자연적 존재라는 생각을 함축한다.

부르하버는 인간이 자연의 일부로서 물리적 법칙하에 존재하고 여타 생명체들이 공유하는 생물학적 법칙을 벗어날 수 없다고 봤다. 따라서 제반 자연과학의 성과를 의학 내에 적극적으로 수렴하는 것은 부르하버에게 너무도 당연한 일이었다. 이 성과들이야말로 인간 존재 자체는 물론이고 인간의 질병과 치료 문제에 대한 가장 실질적인 열쇠를 제공할 수 있다고 확신했기 때문이다.

부르하버의 이러한 관점과 교육은 라 메트리의 사유로 흘러들었다. 라 메트리가 그토록 집요하게 프랑스 의료계에 문제를 제기했던 근본적 이유도 이와 무관하지 않다. 고색창연한 인간 이해를 고수하면서 여전히 낡은 이론에 매달리고, 자연과학의 급격한 발전과 성과의 누적이 두드러짐에도 이에 심드렁한 당대 의료계 관행은 라 메트리가 도저히 좌시할 수 없는 것이었다.

라 메트리는 인간에 대한 정의가 숱하게 시도되었지만 대개 실패로 끝난 이유가 바로 이 정의들의 '선험성'에 있다고 봤다. 물론 라 메트리 자신이 '선험성'이라는 용어를 사용한 적은 없다. 하지만 '선험성'을 '비경험성' 또는 '사변성'의 의미로, 또는 '경험적임'과 대척적인 용어로 이해한다면 라 메트리의 태도는 단적으로 '반(反)선험적'이다. 그만큼 라 메트리는 경험과 관찰, 그에 기반한 과학의 성과를 깊이 신뢰했으며 이를 외면하는 종래의 형이상학적 인간 이해와 자연 이해를 완강하게 거부했다.

## "영혼은 육체와 함께 잠든다"

라 메트리에 따르면 "인간은 지극히 복잡한 기계"일 따름이다. 더 나아가 이 "기계"에 경험적으로 접근할 때 그나마 개연성이 가장 높은 견해에 도달할 수 있다. 몸을 이루는 다양한 요소들, 체질 등이 각이한 정신과 품성으로 이어지므로 이를 고려하지 않고 선험적이며 일의적인 인간 정의를 이끌어 내려는 것은 어리석은 일이다. 영혼의 상태는 질병, 감정, 기질, 컨디션, 음주, 약물, 섭생, 주변 환경, 교육 등에 따라 변화한다. 사실상 몸과 영혼이 하나기 때문이다. 이처럼 정신·영혼 등을 몸의 지평으로 인입해 이해하거나 몸과 통합적으로 바라보는 것은 라 메트리 유물론의 가장 근본적인 전제이자 결론이다. 이 또한 당대 경험과학의 성과와 깊은 연관성을 지닌다.

17세기 이후 인간 정신의 교란은 과학이 발전하면서 이미 새롭게 해석되기 시작했다. 해부학과 생리학의 발전은 정신의 작용이 두뇌와 신경이라는 신체적 바탕 위에서 이루어진다는 점을 인식하도록 했고, 이로써 광기는 더 이상 악마의 장난이 아니라 생물학적 상태의 이상에 의한 것임이 과학적으로 논구되기 시작했다(La Mettrie, 2020: 50).

라 메트리는 이러한 과학의 성과에 근거해 "인간의 몸은 스스로 태엽을 감아 영구운동을 하는 이미지를 갖고 있는 살아 있는 기계"며 "영혼의 다양한 상태는 항상 육체의 상태와 관련을 맺고 있다"고 주장할 수 있었다. 그래서 사람들이 아무리 영혼의 불멸을 염원하고 또 믿는다 해도, "영혼은 육체와 함께 잠"들 따름이다(La Mettrie, 2020: 53-60).

이러한 견해의 객관성을 좀 더 보완하기 위해 라 메트리는 '비교해부학'의 성과를 동원한다. 이때 라 메트리가 주목하는 기관은 '뇌'다. 라 메트리에 따르면 인간은 모든 동물 가운데 신체 대비 크기가 가장 크고 주름도 가장 많은 뇌를 갖고 있다. 뇌량(corpus callosum, 腦梁)을 기준으로 하면 인간의 뇌에 대한 유사도는 "원숭이, 비버, 코끼리, 개, 여우, 고양이 등의 순서"로 감소한다. 총명함의 정도나 기질, 광기 등은 뇌의 형태와 상태에 달려 있다.

"동물계에서 혼은 육체와 함께 견고해지며, 육체가 힘을 얻음에 따라 총명함을 획득해 가기 때문이다." 따라서 영혼에 관해 말하려면 몸, 특히 뇌에 대한 사실적 관찰에 근거해야 한다. 비록 양자의 상호관계 또는 인과관계를 완전히 파악할 수 없다고 하더라도 말이다. 이는 사변적 방법론에 경도된 "철학자들이 결코 알 수 없을 일종의 조화"다(La Mettrie, 2020: 61-63).

요컨대 라 메트리는 경험과학적 방법과 성과를 전적으로 수용함으로써 종교적 억견과 형이상학적 사변에 의해 정당화되어 온 그릇된 인간 이해를 허물고 새로운 것으로 대체하려 했다. 설사 이 방법과 그 성과가 파격성을 드러내더라도 객관적 사실에 가까운 것인 한 그대로 용인해야 한다고 믿었다. 라 메트리의 사유와 글쓰기는 이러한 의도와 믿음을 강하게 함축하며, 그래서 간명해 보이지만 당대의 철학 이론, 역사·문화적 변화, 결정적으로 자연과학의 성과 등을 복합적으로 반영한다. "우리는 물리학에 의해 보다 계몽"되었다는 말은 그의 사유가 어떤 토대 위에 서 있는지 단적으로 보여 준다(La Mettrie, 2020: 291).

유념할 것은 라 메트리가 자신의 입론을 정당화하기 위해 과학적 증거들을 제시하지만 이로써 시대적 한계 또한 역력해진다는 사실이다. "라 메트리의 주장에는 18세기 생물학과 의학의 한계"가 당연히 반영된다(조영란, 1991: 153). 예컨대 외모를 정신적 특징과 연관 짓는 언급도 등장한다. "로크, 슈탈[게오르크 에른스트 슈탈(Georg Ernst Stahl)], 부르하버, 모페르튀이의 초상화를 한번 살펴보라. 그들에게서 독수리의 눈과 같은 강한 인상을 발견하는 것은 놀라운 일이 아니다."(La Mettrie, 2020: 58-59)

이는 동물의 외형·기질과 인간의 외형·기질을 연관 짓는 16~17세기 '인상학(physiognomonia)'에 영향받은 것으로 보인다. 잠바티스타 델라 포르타(Giambattista della Porta)는 1586년 ≪인상학에 관하여(De Humana Physiognomonia)≫를 발표하는데, 여기서 그는 상세한 삽화와 함께 사람의 기질·성향과 외모의 관련성을 논한다. 이러한 생각이 당시에 꽤 영향력이 있던 탓인지, 톰마소 캄파넬라(Tommaso Campanella)의 ≪태양의 나라(La città del sole)≫에도 이와 연관된 논의가 등장한다. 요컨대 자연과학은 외적으로는 종교나 낡은 통념 등과 투쟁함으로써, 내적으로는 과학의 외피를 걸친 의사과학(pseudo science)을 조금씩 밀어냄으로써 발전할 수 있었다. 라 메트리의 사유는 이러한 시대정신의 흐름과 한계, 즉 언제나 '과도기'인 지성사의 특징을 그대로 담아낸다.

## 참고문헌


조영란(1991). "라 메트리의 「인간기계론」에 나타난 심신이론과 18세기 생물학". ≪한국과학사학회지≫, 13(2), 139-154쪽.

La Mettrie, J. O. de(1748/1984, 1987). *Œuvres philosophiques I, II.* Corpus des Œuvres de Philosophie en Langue Française. Paris: Fayard.

La Mettrie, J. O. de(1748/1996). *L'Homme Machine. Œuvres philosophiques I.* Corpus des Œuvres de Philosophie en Langue Française. Paris: Fayard. 여인석 옮김(2020). ≪라 메트리 철학 선집≫. 섬앤섬.

La Mettrie, J. O. de(1774). *Œuvres philosophiques II.* Berlin.

La Mettrie, J. O. de(1775). *Œuvres philosophiques III.* Berlin.

La Mettrie, J. O. de(1912). *Man a Machine(L'homme machine).* Chicago: The Open Court Publishing Co.

Smith, C. U. M.(2002). Julien Offray de la Mettrie(1709-1751). *Journal of the History of the Neurosciences, 11*(2), pp. 110-124.

Wellman, K.(1992). *La Mettrie: Medicine, Philosophy, and Enlightenment.* Durham; London: Duke University Press.

Wittgenstein, L.(1981). *Tractatus Logico-Philosophicus.* London; Boston; Henley: Routledge & Kegan Paul LTD.

07
# 철학

경험과학의 영향과 더불어 경험론의 영향 또한 라 메트리의 사유에서 강하게 드러난다. 라 메트리는 경험에 근거하지 않는 사변적 철학을 거부했으며, 이런 관점에서 당대의 철학자들을 두루 비판했다. 과학의 성과, 경험과 논리적 사유 등이 유의미한 학문적 성찰을 가능하게 한다고 믿었기 때문이다. 하지만 데카르트 등 합리론자들이 라 메트리의 철학에 영감과 단초를 준 사실 또한 간과해서는 안 된다.

## 데카르트, 라 메트리 유물론의 기원

라 메트리의 유물론은 사실 그가 그토록 집요하게 비판했던 철학자, 데카르트의 이론에 크게 의존한다. 어떤 의미에서 라 메트리는 데카르트의 이원론에서 영혼에 관한 논구를 제거함으로써 자신의 유물론을 정립했다고 말해도 과언이 아니다. 데카르트가 보기에 인간의 신체란 "영혼이 그것에 기여하지 않아도" 문제없이 기능하며 "이성 없는 동물" 또는 그 신체와 "동일한 기능"을 드러낸다. 단, 신은 "이성적 영혼을 창조했고 이를" 인간의 신체에 "결합"함으로써 인간 존재의 이원성을 구축했다. 더 나아가 데카르트는 이러한 인간의 신체 자체란 "기계와 다른 것이 아니라고" 보았다. 이 "기계"는 영혼이나 정신의 개입 없이 스스로 자신을 지속시킬 수 있는 독자적 질서 위에 존립한다(Descartes, 2024: 115-117).

데카르트는 물질적 기계로 상정된 신체를 영혼이나 정신의 존재와 나란히 전제함으로써 라 메트리 유물론의 가능성을 열어 주었다고 할 수 있다. 데카르트에 따르면 "신은 … 내가 기술한 물질 외 다른 어떤 물질로도 이 신체를 구성하지 않았으며, 처음에는 이 신체 안에 어떤 이성적 영혼도 넣지 않았"다. 말하자면 데카르트는 자신의 이원론을 구성하면서 물질의 자립성·자족성 혹은 존재론적 비의존성을 강력하게 설정해 유물론적 전환을 용이하게 하는 계기를 마련했다고 할 수 있다(Descartes, 2024: 114-115).

영혼이나 정신이 홀로 존재할 수 없다는 것이 당대 과학의 결론이고 이를 받아들인다면, 데카르트가 말한 두 실체 가운데 하나는 소거되어야 하고 남는 것은 물질뿐이다. 라 메트리의 유물론은 바로 이러한 제거적 사유와 입론을 통해 정립되었다고 할 수 있다. 따라서 라 메트리의 유물론은 그가 강력하게 비판했던 데카르트의 이론에 생각보다 크게 의존하는 셈이다. 아울러 데카르트가 근대 생리학의 탄생과 발전에서 상당히 중요한 인물임을 고려하면, 그리고 라 메트리 또한 근대 생리학의 성과를 신뢰한 사람임을 염두에 두면 라 메트리에 대한 데카르트의 영향력은 더욱 크다고 말할 수 있다. 물론 라 메트리는 데카르트의 생리학적 기여를 결코 높이 평가하지 않았다.

데카르트에 대한 라 메트리의 평가는 인정과 비판을 동시에 함축한다. 라 메트리가 보기에 데카르트는 동물이 기계임을 확언한 최초의 철학자였고, 이는 탁월한 성찰이었다. 하지만 데카르트는 물질을 오로지 '연장' 실체로 치부해 버리는 우를 범했다. 라 메트리가 이러한 관점을 어리석다고 여긴 까닭은 '연장' 또는 '연장성'이란 '인간이 바라본 물질의 속성'일 뿐이므로 물질 자체의 고유한 특성을 배제한다는 데 있다. 데카르트의 이원론은 일정한 공간을 점유하는 수동적 존재와 만유를 마주하며 사유하는 능동적 존재를 구분함으로써 후자를 은연중에 격상한다. 더 나아가 고유한 힘을 인정받지 못한 물질은 결국 '신'에 근거해 운동하는 존재로 그려진다.

라 메트리는 신에 의존해 세계를 해명하려는 데카르트의 주장을 "더 이상 철학자로서 하는 말"이 아니라고 보았다. 철학자란 마땅히 "증거의 힘에 의하지 않고는 납득시킬 수 없는 사람"이어야 한다. 더욱이 데카르트와 그의 추종자들은 동물이 기계라는 정의에서 한 치도 더 나아가지 못했다. "이 기계에서, 혹은 동물을 구성한다고 그가 생각하는 물질에서 모든 감정과 감수능력을 거부"했기 때문이다. 이는 동물이 움직이는 물질이라는 생각일 따름이므로 여기서 동물의 능동적 생명력은 도외시될 수밖에 없다.

라 메트리는 데카르트를 비판하며 동물의 '감각능력'에 주목한다. 아울러 감각능력으로 인해 인간과 동물 사이에 강력한 유사성이 발견된다는 점 또한 중요하게 생각했다. 이로써 물질, 식물, 동물, 인간이 동등하게 자리할 수 있는 기반이 마련되기 때문이다. 물론 라 메트리가 오랜 존재의 위계, 즉 특별한 존재와 범상한 존재의 구분을 자신의 사유에서 완전히 몰아낸 것은 아니다. 하지만 라 메트리의 사유는 저 오랜 경계, 하지만 근거 없는 작위적 경계를 허물 가능성을 함축한다. "이성의 빛"은 인간과 동물이 공유하는 감각능력과 분리될 수 없다. 다만 "우리의 자존심", 즉 우리 인간은 사물이나 동물과 다르며 그보다 우월한 존재임에 틀림없다는 믿음이 이러한 사실을 받아들이기 어렵게 할 뿐이다. 이런 맹신에 관해 라 메트리는 이렇게 말한다. "너무나 편견에 사로잡힌 나머지 자신들이 원하지 않는 곳에서 발견된 진리라면, 그것을 줍기 위해 허리도 굽히지 않으려는 사람이 있다."(La Mettrie, 2020: 144-177)

## 철학자들에 대한 비판

라 메트리의 ≪영혼론≫에는 데카르트를 비롯해 니콜라 말브랑슈(Nicolas Malebranche), 라이프니츠, 볼프 등 쟁쟁한 당대 철학자들을 다루는 대목이 있는데, 대부분 혹독한 비판이다. 이들 모두 탁월한 통찰력의 소유자로, 합리적 이성을 견지함으로써 오류를 넘어서고 마침내 새로운 체계와 학설을 구축했다는 세간의 평가를 받는다. 그래서 사람들은 이들을 "천재"라 칭하지만, 라 메트리는 이 세평에 동의하지 않는다. 오히려 라 메트리는 이들의 천재성을 부정하는 의미에서 "이 수많은 천재들"에게 "안녕"을 고한다(La Mettrie, 2020: 216).

여기서 가장 많이 언급되는 이는 바로 데카르트다. 라 메트리는 데카르트가 방법론, 즉 수학과 기하학에 능했음을 인정한다. 하지만 이는 라 메트리가 보기에 데카르트의 연산 능력이 뛰어났음을 드러낼 뿐이다. 하지만 비수학적 영역, 예컨대 "형이상학, 도덕, 생리학, 문학"에서 데카르트는 무기력하다. 물리학이나 천문학 등에 관해서도 무지하다. 진정한 천재는 그러한 영역 전반에 대해 충실한 지식과 통찰력을 지녀야 할 뿐 아니라 "진실함, 올바름, 정확함과 명료함"을 견지해야 한다. 데카르트는 그러한 통찰력과 지식, 명료함 등을 지니지 못했다. 따라서 선천적 관념을 전제·신봉해야 했고 '신'의 품 안에 머물렀다. 말브랑슈 또한 마찬가지였기에 "모든 것을 신 안에서" 볼 따름이었다.

라이프니츠와 볼프 또한 '모나드'와 같은 합리적 원리로 모든 것을 설명하려 했지만, 그 거창한 체계의 논리적 완결성에 비해 사실적 근거는 거의 갖고 있지 못했다. 그러니 이들의 "제1원리는 뻔뻔스러운 가정에 지나지 않으며, 그

것은 천재의 공헌이라기보다는 건방진 상상력일 뿐이다". 라 메트리는 천재로 알려져 있던 당대 철학자들을 신랄하게 비판하면서 경험을 중시한 로크 등이 차라리 "현명"했다고 덧붙인다(La Mettrie, 2020: 218-223).

라 메트리는 이 대목에서 자신의 입장, 즉 유물론과 상반되는 기존의 철학적 주장들을 논박할 따름이지만, 눈길을 끄는 점은 바로 이 논박의 특이한 형식이다. 라 메트리는 데카르트 등의 이론이 지닌 논리적 결함만 단적으로 파고들기보다 불완전한 논리를 낳은 그들의 '혼'을 문제 삼는다. 이는 이론적 비판의 옷을 입고 있지만 사실상 '혼'에 관한 자신의 주장을 관철하는 것이다. 라 메트리는 데카르트 등이 흔히 천재로 알려져 있지만 실은 혼이 불균형한 상태에 있다고 지적한다. '혼'은 감각적 지각에서 기억, 추론, 윤리적 판단 등을 모두 포괄한다. 진정한 천재라면 혼의 모든 요소가 균형 상태에 있어야 한다.

데카르트, 말브랑슈, 라이프니츠, 볼프 등은 순전히 연산과 추론에 근거해 그럴듯한 이론적 체계를 구축했지만, 과학적·경험적 사실을 애써 외면했고 그 결과 부당하게도 '신'을 전제했다. 이들의 오류는 혼의 불균형, 즉 특정한 요소에 편중되는 불균형을 드러내며, 따라서 그들이 천재가 아님을 분명하게 보여 준다. 이렇듯 라 메트리는 혼에 대한 자신의 입론과 유명한 철학자들에 대한 비판을 중첩하는 독특한 논의 방식을 시도한다.

라 메트리는 꿈 또한 혼의 불균형한 상태가 빚어내는 산물이라고 말한다. 꿈이란 대개 감각적 지각의 경험을 수반하지만, 혼의 모든 요소가 조화롭게 작동하지 않고 특정한 영역만 활동하는 데서 빚어진 현상이다. 단, 우리의 혼은 잠에서 깨어났을 때 즉 온전하게 작동할 때 꿈이 모종의 착각임을 분별한다. 이 역시 사족처럼 보이는 설명이지만, 전술한 철학자 비판과 일맥상통하는 부분이 있다. 데카르트는 제1원리를 찾아가는 도정에서 감각지의 불확실성을 논증하기 위해 꿈의 가설을 끌어들였다. 감각지는 부정할 수 없는 확실성을 띠는 듯하지만, 꿈속에서도 감각지는 가능하다. 따라서 감각지는 때로 허위를 구축하는 불안한 앎일 따름이다. 그러나 라 메트리는 데카르트와 달리 감각지의 확실성을 옹호하면서도 꿈속의 감각지가 띠는 불확실성을 '혼'에 관한 자신의 주장에 근거해 다시 설명했다. 이처럼 라 메트리는 '꿈'에 관한 논의에서도 앞선 철학자들에 대한 비판에 자신의 주장을 중첩한다.

## 말할 수 있는 것과 말할 수 없는 것

흥미롭게도 라 메트리는 간혹 칸트를 상기시키는 주장을 펼친다. 칸트는 엄밀한 학적 지식이 성립할 수 있는 경우와 그렇지 않은 경우를 분별했다. 후자는 생각할 수는 있으나 학적 지식이라 할 근거를 갖지 못한다. 이로써 칸트는 학문과 비학문 즉 형이상학 영역을 단호하게 구분했다. 이는 주술과 망상을 학문의 세계에서 내쫓는 계몽 지성의 전형적인 입장으로, 21세기 현재까지 강력하게 견지되며 작동한다. 바로 이러한 태도가 라 메트리에서도 분명하게 드러난다. 라 메트리는 감각능력 등 혼의 기능이 어디서 유래하는지, 예컨대 최초의 생명체도 가지고 있었는지, 가지고 있었다면 지금과 동일했는지 아니면 성장했는지, 나아가 죽음 이후에도 다른 형태로 잔존하는지는 결코 대답할 수 없는 문제라고 단언한다.

이 가운데 일부는 후대의 과학적 성과로 해답이 주어지지만, 사실 결정적인 질문은 죽음 이후의 혼에 대한 것이다. 오랜 세월 수많은 사람들이 혼의 불멸을 믿었지만 라 메트리는 그에 대해 우리가 "어떤 지식도 갖고 있지 않다는 사실을 인정해야" 하며 동시에 "어떤 종류의 추측도 해서는 안 된다"고 잘라 말한다. 참된 학문적 사실이란 통념과 희망에 맹목적으로 이끌리는 왜곡을 벗어날 때 비로소 가능하기 때문이다. 라 메트리는 오래되었으나 근거 없는 통념과 믿음을 적극적으로 논파하며 엄밀하고 객관적인 앎을 견실하게 지향하고자 했다. 확실한 경험적 관찰과 타당한 과학적 통찰에 근거할 때, 라 메트리가 보기에 결코 부정할 수 없고 받아들여야 하는 사실은 "혼은 죽어 가는 동물과 함께 무로 돌아간다"는 것이다. 이렇듯 라 메트리는 확실히 근대 계몽 지성의 전위이자 전형이었다(La Mettrie, 2020: 228).

## 참고문헌

이병태(2021). "라 메트리의 유물론, 그리고 그 너머: 「인간기계론」 을 중심으로". ≪인문과학≫, 122, 165-197쪽.

Descartes, R.(1637/1964~1974). *Discours de la méthode. Œuvres VI.* J. Vrin. 이재훈 옮김(2024). ≪방법서설≫. 휴머니스트.

La Mettrie, J. O. de(1748/1984, 1987). *Œuvres philosophiques I, II.* Corpus des Œuvres de Philosophie en Langue Française. Paris: Fayard.

La Mettrie, J. O. de(1748/1996). *L'Homme Machine. Œuvres philosophiques I.* Corpus des Œuvres de Philosophie en Langue Française. Paris: Fayard. 여인석 옮김(2020). ≪라 메트리 철학 선집≫. 섬앤섬.

La Mettrie, J. O. de(1774). *Œuvres philosophiques II.* Berlin.

La Mettrie, J. O. de(1775). *Œuvres philosophiques III.* Berlin.

La Mettrie, J. O. de(1912). *Man a Machine(L'homme machine).* Chicago: The Open Court Publishing Co.

08

# 휴머니티

유물론자인 라 메트리의 사유는 생물학적 결정론의 특징을 수반한다. 하지만 라 메트리는 인간이 인간다움을 갖추는 데 교육 등 사회적 기제가 반드시 필요하다고 믿었다. 더 나아가 인간 정신과 영혼, 이성이란 뇌의 작용 일체를 가리키는 '상상력'의 특정 면모일 따름이라고 여겼다. 라 메트리의 '상상력' 개념은 모호하지만 이론적 확장 가능성이 크다는 점에서 주목할 만하다.

## 이중의 결정론과 교육

라 메트리 유물론이 영혼에 대한 육체의 존재론적 우선성·규정력을 강조한다면, 이는 일종의 생물학적 결정론으로 볼 수 있다. 실제로 '결정론'은 유물론에 가해지는 일반화된 비판의 핵심이기도 하다. 하지만 라 메트리의 유물론은 생물학적 바탕의 배타적 결정성만을 강조하지 않는다. '교육'의 영향력 역시 강조하기 때문이다. 라 메트리는 후천적·사회적 요인의 결정적 힘 또한 충분히 인정했고, 이런 맥락에서 그의 결정론은 생물학적 결정론과 사회적 결정론이 병행하는 중첩적·이중적 구조를 지닌다고 할 수 있다. 물질이나 생물학적 바탕만으로 '인간됨'이 형성될 수 없다고 보았던 것이다.

라 메트리는 정교한 훈련으로 농아들의 발화 능력을 향상한 사례를 소개하며 교육의 힘에 대한 확신을 드러냈고, 그래서 원숭이조차 교육을 받는다면 어느 정도 언어 능력을 습득할 수 있으리라고 추정하기도 했다. 이러한 추정의 사실 여부를 떠나서 라 메트리가 역설하려 한 것은 적절한 교육에 의해 생물학적 가능성이 극대화될 수 있다는 점이었다. "자연의 능력에는 한계가 없다. 특히 위대한 기술의 도움을 받을 때 자연의 능력은 무한하다."(La Mettrie,

2020: 66)

라 메트리에게 인간은 근본적으로 자연적 존재며, 자연이 부여한 몸과 뇌, 그에 조응하는 감정과 본능을 바탕으로 "정신을 소유하게 되었고, 정신을 사용해 지식을 소유"할 수 있다. 또한 인간의 뇌는 인간이 감각뿐 아니라 기호(상징)를 통해 세계를 더욱 정교하게 인지할 수 있도록 했으며, 교육이나 법률, 학문, 예술 등은 일제히 이 기호의 체계 그 자체거나 그와 분리 불가능하다. 인간의 지식 또한 이 기호의 집적일 따름이다. 그래서 "현학자의 풍선 같은 두뇌를 채우는 이 모든 지식은 단어와 숫자의 방대한 집적에 불과하다"(La Mettrie, 2020: 69-71).

기호에 대한 라 메트리의 관점 또한 유물론을 전제한다. 기호는 실재하는 세계와 인간 사이에 정교한 접점을 만드는 것이지만, 근본적으로 그 세계에서 유래한다. 따라서 라 메트리에게 기호는 세계에 대한 인간의 수동적 감수성이 창출한 관념적 존재가 아니라 오히려 '주체-물질'과 '객체-물질'의 상호작용에 개입하는 인간 특유의 '창'으로서 철저히 물질적 기원을 갖는다.

라 메트리에 따르면 기호는 근원적으로 실재에 조응하며 그에 대한 "명백한 유사성이 진리와 지식의 토대를" 형성한다. 기호의 세계가 실재 세계와 명백하게 불일치함을 염두에 둔다면 라 메트리의 유물론적 기호론은 논박할 여지가 있지만 라 메트리가 이러한 위상차를 인지하지 못했을 가능성은 극히 낮다. '세계-물질'과 '인간-물질'의 접점으로서 기호가 처음에는 실재 세계와 차이를 드러내지만 역사적으로 이를 극복해 나간다고 이해한다면 라 메트리의 주장은 좀 더 설득력 있게 들린다.

기호는 '인간-물질'에게 '세계-물질'을 친절하게 저작해 전달하는 독특한 수단이며, 교육은 기호화의 훈련이자 그 자체로 인간을 인간화하는 거대한 기호의 체계다. "기호 없이 어떤 사물을 상상하기란 지극히 어려운 일"이기 때문에 인간적 감수성과 인지의 체계를 습득시키는 기호화 과정, 즉 교육이 없다면 온전한 의미의 인간도 없다. 이렇듯 기호는 인간의 몸과 세계라는 물질에 기원을 두지만 다시 이를 수용하는 형식과 창구가 됨으로써 '휴머니티'의 내용을 구축하는 독특한 구조물로 자리 잡는다(La Mettrie, 2020: 69-71).

## 상상 또는 상상력

'상상'은 라 메트리 철학의 자유롭고 진취적인 특징을 드러내는 중요 개념 가운데 하나다. 라 메트리는 스스로 "항상 상상하다(imaginer)란 단어를 사용한다"고 말한다. "모든 것이 상상의 작용이며 영혼의 모든 부분은 그들이 구성하는 순수한 상상력으로 환원되기 때문"이다. 이는 근대 인식론이 그토록 정교하게 체계화해 나간 진리 수용 또는 진리 구성의 구조를 단번에 거스르며 부정한다. 아울러 그러한 체계화와 연동하는 철학적 성찰의 성과 또한 기각한다. 라 메트리는 기존 철학자들, 특히 이성·논리 등을 중시하고 그와 연관된 세계를 분리하거나 우월한 영역으로 인정한 이들을 줄곧 비판했고, 여러 이름으로 분획된 인간 지성 그리고 그 작용 전체를 '상상력'으로 환원하려 했다. 이는 종래의 철학적 경향을 거스르는 반박의 의미를 지닌다 (La Mettrie, 2020: 69-71).

라 메트리는 "판단, 추론, 기억 등은 영혼의 일부에 불과하며 조금도 절대적이지 않다"고 말할 뿐 아니라, 진리 인식을 포함해 인간의 마음에 떠오르는 모든 것을 분획하는 데 몰두했던 기존 철학의 시도와 그 성과까지 모두 의문시한다. 이러한 라 메트리의 문제의식에는 귀 기울일 점이 분명히 있다. 철학사, 특히 근대 인식론의 발전 과정에서 판단이나 추론 등 서로 다른 인식의 프로세스가 정교하게 천착되었지만 그렇게 구분된 계기 모두 '물리적' 장소를 가질 수밖에 없다는 점이 간과되었기 때문이다. 라 메트리의 '상상(력)' 개념은 확실히 이러한 분획 이전의 사태를 환기하는 효과를 지닌다. 인간의 사유와 인식에 관한 근대 인식론의 섬세하기 짝이 없는 개념적 구분에 비하면, 라 메트리의 "상상력"은 그러한 개념적 정교화를 거스르는 퇴행적 단순화인 듯하다. 그럼에도 그것은 명백하게 전환적인 질문을 함축한다. "인간에서 사고를 관장하는 감각본체를 왜 나누어야 하는가?"(La Mettrie, 2020: 72)

라 메트리의 '상상력' 개념은 철학도들에게 익숙한 인식론적 개념들을 일시적으로 중단시키며 그 존재론적 기원과 통일성을 응시하도록 이끈다. "상상력 덕분에 학문은 꽃을 피우고 예술은 아름다움을" 더할 수 있었다는 표현은 일단 '상상력'이 이성과 감성을 모두 내포하는 것임을 보여 준다. 따라서 "상상력은 단순히 미의 여신"을 좇는 데 그치지 않고, "자연을 묘사만 하는 것이 아니라 측정도" 하는 것이 된다. "상상력은 추론하고 판단하고 분석하고 비교하고 심화시킨다." 라 메트리에게 인간의 인식이란 어떤 종류든 '상상'의 권역에서 일어나는 일일 뿐이었다. "상상력만이 인식한다는 것은 항상 진실이다." 그러므로 "상상력은 예술과 마찬가지로 과학에 가장 적합"한 것이 된다(La Mettrie, 2020: 72-77).

라 메트리는 급기야 '영혼'이라고 명명된 것의 정체를 상상력으로 규정한다. 즉 "상상력은 혼"이자 정신이다. 그래서 "가장 많은 상상력을 소유한 사람은 가장 풍부한 정신이나 재능을 가진 사람으로 간주되어야 한다. 왜냐하면 이 단어들은 동의어이기 때문이다". 물론 라 메트리의 의도는 당대의 종교와 통념 속에서 모호했던 '영혼'이나 '정신'을 '상상력'으로 바꿔 부르는 '개명' 자체에 있지 않다. 라 메트리가 말하는 '상상력'은 대상을 마주하는 몸, 특히 뇌의 작용 일체를 일컫는다. 따라서 '상상력' 개념은 종래의 철학적 경향에 대한 비판을 넘어 다시 '몸'을 응시하도록 이끈다. 인간의 정신과 영혼을 둘러싼 철학적 사변이나 종교적 환상을 해체함은 '몸'의 귀환을 위한 일이었던 셈이다.

지식이나 미덕은 "신체의 상태에서 온 것"이기에, "신체 조직은 인간이 가진 가장 값어치 있는 것이다". 신체는 그 자체로 자연이며, "우리는 우리 된 모든 것을 자연에 빚지고 있다". 요컨대 정신이나 영혼처럼 인간을 차별화하는 요소, 즉 인간 정체성의 핵심은 인간의 '몸'이다(La Mettrie, 2020: 72-76).

이렇게 볼 때 논리적으로 몸, 특히 뇌의 생물학적 흠결은 정신과 영혼의 불완전성으로 이어진다고 할 수 있다. 라 메트리는 몇몇 예시를 통해 그러한 생각을 분명하게 드러낸다. 예컨대 "백치와 광기 등의 원인을" "뇌의 결함"에서 찾고자 한다. 하지만 이러한 불완전성은 '교육'의 부재에서 비롯되기도 한다. 상상력은 감각적 감수성에서 심미성, 논리적 추론을 모두 포괄하지만 불변하는 것이 아니다. 오히려 "시간의 진정한 이미지인 상상력은 끊임없이 스스로 파괴되고 또한 새롭게 된다". 이 불안정한 바탕만으로 인간이 여타 동물과 구분되는 정체성을 획득하기란 불가능하다. "교육의 경이로움"은 "동물에 미치지 못하는 본능적 능력"을 부여받은 인간을 그토록 "낮은 수준에서 높은 수준으로 고양"하는 데 있다(La Mettrie, 2020: 62-80).

이처럼 라 메트리의 '인간-기계', '기호', '상상력' 개념은 종교나 철학을 중심으로 했던 종래의 인간 이해에 도전하며 그 한계를 뚜렷하게 부각한다. 더 나아가 인간에 접근하는 경로에 경험과학을 포함할 뿐 아니라 그 중심성을 강조함으로써 맹신과 사변을 주변부로 밀어낸다. 따라서 라 메트리의 사유가 인간 이해의 지평과 지성사의 흐름을 전환 또는 확장하는 데 일조했다고 평가하는 것은 지나친 일이 아닐 듯하다.

유의할 것은 라 메트리가 이토록 강조했던 '상상', '상상력'이 ≪영혼론≫에서 달리 언급된다는 점이다. 경쟁적 이론들, 즉 당대의 인식론을 의식한 탓인지 ≪인간-기계≫에 앞서 출간된 ≪영혼론≫은 감각, 관념, 이성 등을 분별해 다룰 뿐 아니라 상상력 또한 제한된 능력으로 묘사한다. '상상력'은 특별한 역량으로 설명되지 않으며 일상적 의미를 지니는 것으로 상당히 짧게 다뤄질 뿐이다. 이러한 개념의 변화는 추정컨대 라 메트리가 처음에는 다른 인식론 체계의 영향을 받았다가 이후에 독자적 사유로 나아간 것으로 볼 수 있을 듯하다.

일견 라 메트리가 ≪인간-기계≫에서 영혼과 정신의 제반 특징을 명료하게 구분하지 않은 채 그 모두를 '상상'으로 뭉뚱그린 듯하고, 그래서 상대적으로 더 체계적인 설명이 이뤄지는 ≪영혼론≫보다 미숙한 논지를 펼치는 것처럼 보인다. 하지만 라 메트리의 '상상력' 개념은 자신의 유물론적 주장을 관철하면서도 당시 인식론의 일반적 경향을 뛰어넘으려 한 도전적 의도를 함축하며, 다양한 시각을 개방하는 창의적 가능성 또한 풍부하게 지닌다(La Mettrie, 2020: 185-189).

## 참고문헌

이병태(2021). “라 메트리의 유물론, 그리고 그 너머: 「인간기계론」을 중심으로”. ≪인문과학≫, 122, 165-197쪽.

La Mettrie, J. O. de(1748/1984, 1987). *Œuvres philosophiques I, II.* Corpus des Œuvres de Philosophie en Langue Française. Paris: Fayard.

La Mettrie, J. O. de(1748/1996). *L'Homme Machine. Œuvres philosophiques I.* Corpus des Œuvres de Philosophie en Langue Française. Paris: Fayard. 여인석 옮김(2020). ≪라 메트리 철학 선집≫. 섬앤섬.

La Mettrie, J. O. de(1774). *Œuvres philosophiques II.* Berlin.

La Mettrie, J. O. de(1775). *Œuvres philosophiques III.* Berlin.

La Mettrie, J. O. de(1912). *Man a Machine(L'homme machine).* Chicago: The Open Court Publishing Co.

## 09
# 도덕

도덕 문제에 관한 라 메트리의 입장은 '도덕감정론'의 영향을 다분히 받은 것으로 보인다. 윤리적 원리와 도덕의 바탕을 인간 외부, 즉 절대자 등이 아니라 인간 자신에게서 찾고자 한 도덕감정론은 라 메트리의 생각과 일치하는 점이 적지 않다. '몸'이 정신이나 이성의 바탕임을 강조하는 유물론 또한 도덕의 기원을 초월적 존재에서 찾을 수 없기 때문이다.

라 메트리가 보기에 인간 특유의 도덕성은 부분적으로 교육에 의존한다. 인간에게 후천적으로 작동하는 이 특별한 기제가 없다면 인간이 여타 동물들보다 더 합리적이고 도덕적일 리 없다. "인간이 동물보다 귀한 진흙으로 빚어진 것"은 아니기 때문이다. 또한 도덕에 대한 논의에서 라 메트리의 사유는 직전 시기 철학사에 등장한 도덕감정론의 영향을 다분히 받은 듯하다. 단, 라 메트리는 다른 경우와 마찬가지로 이 영향 관계에 관해 명시적으로 언급하지 않는다.

3대 섀프츠베리 백작인 앤서니 애슐리 쿠퍼(Anthony Ashley Cooper, Third Earl of Shaftesbury) 등의 도덕감정론은 도덕 이론의 근대적 대전환을 상징했다. 이로써 도덕의 원천이 인간 외부에서 인간 내부로 이동하는 이론적 전회가 가능해졌기 때문이다. 도덕감정은 개별 인간에 내재하는 '자연적' 바탕으로, 다른 이가 겪는 것에 '공명(sympathy, συμπάθεια)'할 수 있게 하는 단초다. 이는 신적 토대의 소환 없이 인간 사이에 어떻게 공존의 원리가 가능한지 설명하는 새로운 근거가 되었다(La Mettrie, 2020: 84).

라 메트리는 철두철미하게 몸을 휴머니티의 기반으로

보았기 때문에, 도덕감정론자들보다 더 선명하게 생물학적 토대로 소급한다. '공감'이나 '동정'은 그나마 본능과 부합하지 않는 예외성을 허용함으로써 결정론이라는 비판에서 벗어날 여지가 있지만, '몸'을 도덕의 기원으로 볼 경우 그러한 비판에서 벗어나기란 거의 불가능해 보인다. 라 메트리는 "유전되는 수많은 악덕과 덕이 있음을 입증"할 수 있다고 보았으며, 심지어 불안정한 신체 상태가 범죄의 원인이라 생각했다. 이에 따라 형벌에 관해서도 독특한 입장을 취한다.

범죄가 '몸'의 생물학적 교란에 의한 결과라면, 그에 대한 가장 적절한 형벌은 양심의 가책이라는 것이다. 교란이 극복된 뒤 '몸'은 다시 덕성의 기반이 되는데, 라 메트리가 보기에 이때 찾아오는 후회와 양심의 가책보다 더 고통스러운 형벌은 없다. 죄지은 자가 "느끼게 될 고통의 크기는 그가 저지른 일의 악함에 비례한다"(La Mettrie, 2020: 85-87).

따라서 최고의 판사는 이러한 상황을 전체적으로 성찰할 수 있는 의사다. "그러한 판사만이 죄 없는 범죄자와 죄 있는 범죄자를 구별할 수 있을 것"이기 때문이다. "죄 있는 범죄자"란 '몸'의 교란이 없음에도 죄를 저지른 이들을 말하고 이를 분별하는 데에는 '몸'의 상태를 객관적으로 판단할 수 있는 과학적 안목이 필수적이다. 물론 이는 범죄자에 대한 처벌 일체가 잘못되었다는 주장은 아니다. 라 메트리는 '몸'의 교란에 의해 "의지가 박탈당하고 양심이 활동을 멈춘 사람들"이 있음을 환기하며, 이를 고려하지 않는 처벌 관행에 문제를 제기할 따름이다. 생물학적 결정론이라는 비판은 피하기 어렵겠지만, 도덕의 바탕을 '몸'에서 찾는 라 메트리의 철저한 유물론은 곱씹어 볼 문제를 제기한다. 바로 법률적 관행의 한계를 비판적으로 되짚는다는 점, 의외의 영역에서 의사의 역할을 강조한다는 점이다. 오늘날 범죄에 대한 판단에 이러한 요소들이 어느 정도 반영되어 있음을 상기하면 언뜻 기이해 보이는 라 메트리의 주장은 시대를 앞서간 셈이다(La Mettrie, 2020: 85-86).

## 자연법

라 메트리의 무신론 또한 '도덕'과 관련해 흥미로운 관점을 개방한다. 단, 라 메트리의 '무신론'은 논란의 여지가 많음에 유의할 필요가 있다. 기독교의 신을 부정한다는 점에서 라 메트리는 곧장 '무신론자'로 분류되고 스스로도 그렇게 말하지만, 실제로 그의 입장은 '범신론'에 가깝다. 하지만 자연 자체에 신적 위상이 부여될 만하다는 점을 인정하면서도 자연이 곧 신이라고 확언하지 않기 때문에 '범신론'으로 단호하게 규정하기도 어렵다. 요컨대 신이 있다면 자연이 그에 가장 근접한 것일 수 있음을 부정하지 않는 소극적 주장에 머무는 것이다.

라 메트리는 도덕, 범죄, 형벌 등에 대한 서술에서 '자연법'이란 용어를 종종 사용하는데, 이는 이 개념의 일반적 의미와 다소 차이가 있다. 라 메트리는 특히 토마스 아퀴나스(Thomas Aquinas) 이래로 이 개념에 부여된 신적 이법이라는 함의를 거부하는 듯하다. 라 메트리가 보기에 신의 존재는 '개연성'이 높을 뿐 과학적으로 입증할 수 있는 차원에 있지 않다. "나는 지고한 존재자의 존재를 의심하는 것은 아니다. 오히려 반대로 그것은 존재할 개연성이 아주 높다." 어디까지나 '개연성'이기에, 이 "지고한 존재자"가 있는지, '신'이라 칭할 수 있는지는 단언할 수 없다.

따라서 신이 부여한 이법에 따라 우주가 운영된다는 점은 라 메트리에게 적어도 학문적 사실로는 단언할 수 없는 것이 된다. 하지만 그것이 무엇이든 자연을 마구잡이로 굴러가지 않도록 하는 질서는 부정할 수 없기에 라 메트리는 이 질서를 '자연법'과 연관 지었다. 단, 라 메트리는 이 질서와 신성이 동일시될 합리적 이유가 없다고 보았고 그리 엄밀하지 않은 방식으로 '자연법'이라는 용어를 사용했다(La Mettrie, 2020: 88).

## 유물론과 도덕감정

라 메트리의 모호한 '자연법'은 그만큼 모호한 '상상'의 권역에 있는 것으로 설정된다. 더욱이 "자연법은 사유를 포함하는 다른 모든 감정처럼 아직 상상에 속하는 내밀한 감정이다". 다시 말해 '자연법'은 우리 몸에 각인된 감정, 따라서 뇌와 상상력에 삽입된 감정이다. 자연은 살아 있는 모든 것이 생명의 유지와 행복을 지향하도록 창조했고, 인간에게는 이러한 지향을 지속할 수 있도록 하는 감정이 새겨져 있다.

여기서 라 메트리의 유물론은 존재론의 영역을 넘어 가치론의 땅에 발을 딛는다. 라 메트리는 이러한 경계 이탈을 통해 상당히 설득력 있는 논의, 더욱이 유물론이라는 근본 전제와 유기적으로 통합될 수 있는 이야기를 구성하고 전한다. 이는 전통적인 철학 분과의 경계 탓에 분리되어 다뤄졌던 논의들이 실은 하나의 기원을 갖는다는 환기 그 자체다. 라 메트리에 따르면 우리가 '사실'이라고 말하는 것과 마찬가지로 '당위'도 우리의 몸, 뇌, 감각, 관찰, 상상에 기반한다(La Mettrie, 2020: 88).

요컨대 당위성의 바탕 또한 '몸'이다. 하지만 라 메트리는 그리 정치한 논증을 전개하지 않는다. 따라서 이에 대한 라 메트리의 유물론적 정당화는 몇 가지 단서를 근거로 추정할 수밖에 없다. 예컨대 '타인을 해하지 말라'라는 당위 명제는 라 메트리의 입장에 근거할 때 어떻게 정당화될 수 있는가? 전술했듯 라 메트리가 보기에 양심의 가책은 죄에 대한 가장 근원적인 형벌이다. 가책을 일종의 고통으로 본다면, 당위성은 고통을 회피하는 차원에서 요구된다. '타인을 해하지 말라'라는 명제는 이를 어겼을 때 따라오는 가책의 무게로 인해 '당위'적인 것이 된다.

이러한 라 메트리의 입장은 인간에게 내재된 정서와 도덕을 연관 짓는다는 점에서 도덕감정론과 교점이 있어 보인다. 라 메트리와 18세기 도덕감정론자 모두 도덕적 행위의 기반을 자연적 지평에서 찾기 때문이다. 이들에게 인간에게 내재하는 도덕적 '정서'는 특정한 훈련이나 교육, 사회화 등의 결과이기 이전에 존재 자체와 더불어 주어진 요소다. 이와 관련해 라 메트리는 도덕감정론자들보다 훨씬 분명하게 생물학적 토대를 강조한다. 도덕감정론자들이 이러한 정서가 '자연적'으로 '내재'한다는 절제된 언급을

하는 데 비해, 라 메트리는 특정한 판단과 행위의 당위성이 우리의 생물학적 바탕 위에서 비로소 가능하다고 직설적으로 표현한다.

라 메트리가 보기에 모든 존재는 자신을 존속시키는 데 가장 적절한 물리적 상태를 지니고 있으며, 생명체는 이를 유지하려는 본능을 지닌다. 아울러 이러한 물리적 구조와 본능은 '전체'의 관점에서 볼 때 상보적이며 조화로운 관계를 맺도록 되어 있다. 즉 인간을 포함한 모든 존재는 자연이 부여한 질서를 구현하고 있는 것이다. 이런 의미에서 모든 존재는 "자연법의 일부를 부여"받았다고 할 수 있다. 따라서 인간의 몸과 뇌 그리고 '상상력'은 자연이 부여한 생물학적 기반이며, 윤리적 명령 역시 이 상상력 위에서 '당위'가 된다. 이렇게 볼 때 라 메트리가 말하는 '자연법'이란 자연이 인간의 상상 위에 기입한 도덕률 그 자체다. 즉 자연법은 모종의 형이상학적 전제 또는 신적 로고스의 실재화된 형태를 지칭하는 것이 아니라 스스로 최적화를 모색하는 자연이 그 자체의 요구를 인간에게 '감정'의 형태로 각인해 둔 것이다.

이러한 "자연법은 파괴될 수 없다". 인간과 동물을 비롯해 모든 존재에 새겨진 것으로서 거스를 수 없기 때문이다. 주목할 점은 자연법에 관한 라 메트리의 설명이 일종의 재정의, 즉 부당한 형이상학적·종교적 전제를 배제하고 근대 과학에 영향받은 규정으로 전환하는 데 머물지 않는다는 사실이다. 라 메트리는 인간에게 각인된 '감정'으로서 자연법이 구체적으로 어떤 메시지인지 그 내용까지 분명하게 언급한다(La Mettrie, 2020: 84-87).

자연법이란 "타인이 우리에게 행하기를 원하지 않기 때문에 우리가 행해서는 안 될 것이 무엇인가를 가르쳐 주는 감정"이다. 성경이나 공자, 칸트의 가르침을 떠올리게 하는 이 구절에서 "감정"이란 구체적으로 '사랑'이나 '공감'을 의미하는 듯하다. 만일 그렇다면 라 메트리와 도덕감정론의 이론적 교점은 더욱 뚜렷해질 것이다. 하지만 라 메트리가 말하는 '감정'은 단순히 애정과 같은 정서로 환원될 수 없다. '자연법'인 감정은 특정한 생물학적 "종뿐 아니라 개인에게도 유익한 일종의 두려움이나 공포"이기 때문이다.

"우리는 오직 우리의 재산과 명예와 우리 자신을 지키기 위해서만 남의 돈과 생명을 존중"한다. 자연법은 생물학적 차원에서 일종의 이기적 정서 또는 본능으로 각인된 것이며, 동시에 타인에게 동일한 것이 각인되어 있음을 일깨우는 정서다. 그러나 자연법이 이러한 구체적 함축을 지닌다는 논변의 정당화는 적절하게 제시되지 않는다. 그럼에도 라 메트리의 유물론은 인간이 일개 자연적 생명체에 불과함을 부정하지 않으면서도 어떻게 윤리적 존재로 존속할 수 있는지 나름대로 설명하려 했다고 할 수 있다(La Mettrie, 2020: 87-88).

## 참고문헌

이병태(2021). "라 메트리의 유물론, 그리고 그 너머: 「인간기계론」을 중심으로". ≪인문과학≫, 122, 165-197쪽.

La Mettrie, J. O. de(1748/1984, 1987). *Œuvres philosophiques I, II.* Corpus des Œuvres de Philosophie en Langue Française. Paris: Fayard.

La Mettrie, J. O. de(1748/1996). *L'Homme Machine. Œuvres philosophiques I.* Corpus des Œuvres de Philosophie en Langue Française. Paris: Fayard. 여인석 옮김(2020). ≪라 메트리 철학 선집≫. 섬앤섬.

La Mettrie, J. O. de(1774). *Œuvres philosophiques II.* Berlin.

La Mettrie, J. O. de(1775). *Œuvres philosophiques III.* Berlin.

La Mettrie, J. O. de(1912). *Man a Machine(L'homme machine).* Chicago: The Open Court Publishing Co.

# 10
# 21세기의 라 메트리

오늘날 통섭적 지성을 요청하는 목소리가 높다는 사실을 떠올리면, 과학과 철학을 가로지른 라 메트리의 사유는 새로운 의미로 다가온다. 뇌과학의 부상 또한 정신과 영혼을 뇌의 작용으로 환원한 라 메트리를 다시 보도록 이끈다. 더 나아가 라 메트리의 사유는 결정론적 특징에도 불구하고 자유, 행복, 평화를 역설함으로써 여전히 의미 있는 '해방적' 메시지를 전한다.

## 의의와 한계

라 메트리는 파격적인 '인간-기계' 선언을 통해 오랜 통념의 억압을 중단시키고자 했을 뿐 아니라 그 자리를 대신할 새로운 '진리'를 모색하고 새롭게 정립하고자 했다. 라 메트리의 사유는 도발적 인간관을 제시하는 데 그치는 것으로 간주하거나, '기계론적 유물론'으로 일축할 때 결코 포착할 수 없는 풍부한 함축을 지닌다.

먼저 라 메트리의 이론은 당대의 다양한 지적 유산들과 역동적으로 상호작용한 흔적이 역력하다. '인간-기계'라는 발상 자체가 이미 근대 자연과학의 성과에 기반한 것이었고, 기술 문명의 착근·확장에서 강한 영감과 영향을 받은 것이었다. 더 나아가 라 메트리는 근대 철학의 각이한 이론들을 나름대로 취사하고 아우르며 독자적인 인간관, 세계관, 가치관을 제시한다. 따라서 라 메트리의 사유는 이론과 현실을 통합하는 보기 드문 응축물로서 계몽기의 시대정신이 지닌 특징에 좀 더 근접할 수 있게 하는 중요한 경로다. 아울러 분과 학문, 학파, 이론의 경계를 거침없이 횡단하는 라 메트리 사유의 모험은 '융합'이나 '통섭'을 향한 전환의 목소리가 높아지는 오늘날 더욱 주목할 만한 면모를 지닌다.

하지만 이처럼 진취적인 사유의 모험은 필연적으로 적잖은 문제점 또한 내포한다. 먼저 이론과 현실을 아우르는 시대정신의 응축은 그 자체로 이론과 현실에서 나타나는 한계, 예컨대 당대 자연과학의 미흡한 수준, 지배적 문화와 통념의 제약 등을 그대로 반영할 수밖에 없다. 특히 동시대 이론들의 영향은 라 메트리의 사유에 혼재되어 나타나기 때문에 전적 수용이나 창의적 변용 여부를 판가름하기 어려우며, 이는 적절한 해석과 평가를 극히 어렵게 한다. 라 메트리의 글쓰기 또한 엄격한 논증이나 개념 규정이 병행되지 않는 경우가 많아 매력적이기는 하지만 모호하며 대체로 선언적인 주장들이 나열되는 경향을 보인다. 그러나 옛 철학자의 사유에 다가갈 때에는 시대적 제약에서 나온 불가피한 한계만 헤집기보다 현재적 의미를 지니는 실마리에 집중하는 편이 더 바람직할 듯하다.

## 결정론

라 메트리는 자신의 입장이 결정론 또는 기계론으로 비판될 수 있다는 점, 따라서 자유의 입지를 이론적으로 옹색하게 할 수 있다는 점을 잘 알고 있었다. 물론 라 메트리가 교육이나 훈육의 중요성을 강조함으로써 영혼의 내용을 질적으로 달리 결정할 수 있는 원인들의 복합성 또는 복수성을 전제한 것은 사실이다. 그러나 원인의 다수성을 설정하더라도 라 메트리의 입장이 '결정론'이라는 사실은 변하지 않는다. 그럼에도 라 메트리는 이 문제를 그다지 심각하게 받아들이지 않은 듯하다. 이는 라 메트리가 일종의 내면적·심리적 자유의 여지에 주목한 것과 관련 있다. 즉 라 메트리는 그러한 결정성과 무관하게 우리의 내적 자유는 간섭받거나 파괴되지 않는다는 사실을 확신했다.

예컨대 인간의 인간됨 등을 결정하는 원인들이 있다고 하더라도, 따라서 인간됨이 이들 원인의 결과에 지나지 않는다고 하더라도 인간 내면에서 작동하는 안락감이나 행복, 자유의 체감 등은 그러한 구조와 무관하게 작동한다. "물질이 영원하건 창조되었건, 신이 존재하건 존재하지 않건 그것은 우리 마음의 평화와는 무관하다." 라 메트리는 결정 관계의 실재성이 우리의 내면적 자유를 간섭하지 않는다고 본 것이다(La Mettrie, 2020: 89-120).

이는 논리적으로 정치한 주장은 아니지만, 오늘날의 뇌과학·유물론과 관련해 경청할 만한 점이 있어 보인다. 여기서 상론할 수는 없지만, 생물학적 결정론과 자유의 양립 가능성 그리고 그에 대한 정당화는 첨단 이론에서 여전히 치열한 쟁점이기 때문이다. 현대 뇌과학에서 자주 전제되는 생물학적 결정론을 "신경중심주의"라 칭하며 "나는 뇌가 아니다"라고 논박하는 이가 있는가 하면, '인간임'은 모두 '뇌'의 문제라 보고 "유뇌론(唯腦論)"을 주장하는 이도 있다. 전자는 생물학적 결정의 실재성에 대한 설명을, 후자는 자유의 정당화를 각기 과제로 떠안는다(養老孟司, 2006; Gabriel, 2015 참고).

## 삶과 자유

라 메트리는 자연을 포함한 삼라만상의 원인과 목적을 인간이 낱낱이 파헤칠 수 있다고 여기지 않았다. 이러한 인식론적 한계가 '신'을 소환해 숭배하도록 하는 바탕이 되는데, 라 메트리가 이러한 맹목적 숭배를 탐탁잖게 여겼음은 물론이다. "지고한 존재자"에 대한 언급에서 볼 수 있듯 일견 라 메트리는 그다지 격렬한 논조로 신을 부정하지는 않지만, 신에 관한 오랜 통념과 문화 전체를 거부한다는 점에서 스스로 무신론자를 자처한다. 신을 향한 믿음과 그 체계가 아무리 거창하고 뿌리 깊을지라도, 그것을 부정하는 자들에게 가혹하기 그지없는 탄압이 끊이지 않았다고 하더라도, 그러한 신앙이 어리석은 것이라는 사실은 달라지지 않기 때문이다. "광신의 무기는 진리를 옹호하는 자를 파괴할 수는 있어도 진리 자체를 파괴할 수는 없다."(La Mettrie, 2020: 88)

궁극적 원인을 확실히 밝히려 하거나 그 원인이 신이라고 믿어 의심치 않는 일은 모두 부질없다. 우리는 그처럼 영원하고 무한한 것에 관해 알 수 없을뿐더러 우리 자신의 존재 이유 또한 알 수 없다. 우리는 "이유를 알지 못하는 상태로 우연히 지구 위에 던져졌다". 실존주의를 연상하게 하는 이 말에 이어서 라 메트리는 인간들에게 "어느 날 솟아나는 버섯이나 구덩이 가장자리에 피어나고 벽을 덮는 꽃들처럼 그저 살고 죽어야만" 함을 일깨운다(La Mettrie, 2020: 89-90).

삼라만상의 운행이 지향하는 궁극적인 목적 또한 말할 수 없는 것에 해당한다. 물론 "인간과 모든 우주가 이 통일된 목적을 향해 있는 것처럼 보이는 것은 사실"이다. 하지만 이를 정당화하려는 목적론자들의 기획은 추정을 기정사실로 간주하는 근본적 오류 위에 서 있을 따름이다. 귀나 눈과 같은 신체 기관들의 목적은 과학적 관찰에 기반해 이야기할 수 있을지도 모르지만, 태양이나 비가 온기나 곡식을 위해 존재한다고는 말할 수 없다. 존재 일반의 근원적

목적은 아예 인간 인식의 한계를 벗어난 문제다. 따라서 라 메트리는 우리의 한계를 넘어서는 문제에 매달림으로써 "무한함 가운데 길을 잃지" 말라고 권한다. 라 메트리가 보기에 인간은 "무한의 관념을 조금이라도 가지게끔 만들어지지 않았"기 때문이다(La Mettrie, 2020: 89).

존재 일반의 근원적 목적이 부정된 만큼 그로부터 연역되는 삶의 목적, 즉 모든 이의 삶을 특정한 이상에 묶어 두었던 강제 또한 부정된다. 하지만 인간이 존재의 근원적 이유와 목적을 알지 못할 뿐 아니라 신이라는 해답 또한 허상이라는 사실은 라 메트리에게 결코 부정적인 상황으로 다가오지 않는다. 존재의 비밀이나 신에 얽매이지 않아도 인간의 자유와 평화는 그로 인해 조금도 훼손되지 않기 때문이다.

우리의 한계 밖에 놓인 진실에 고통스러울 정도로 매달리는 일은 일종의 광기일 따름이다. 이처럼 라 메트리의 유물론은 다소 모호한 무신론 개념을 함축함에 틀림없지만, 인간 인식의 한계에 관한 성찰과 융합하면서 가치론의 영역에서 해방적 담론을 구축한다. 즉 인간과 인간의 삶에 대한 낡은 목적론적 규정의 억압을 중단시키며, 스스로 자신의 삶을 정의하도록 하는 자유의 지평을 개방한다(La Mettrie, 2020: 88-93).

이처럼 라 메트리는 다방면에서 흥미로운 관점과 과제를 제시하지만, 근원적으로 그의 사유는 독단적 믿음이나 왜곡된 통념에서 벗어남으로써 우리의 성찰이 심화할 뿐 아니라 인류의 평화가 촉진될 수 있으리라는 믿음을 전제한다. 라 메트리는 유물론과 "무신론이 널리 전파된다면 종교의 모든 분파들은 파괴되고 그 뿌리가 잘릴 것"이기에 "더 이상의 신학적인 전쟁도, 종교전쟁에 나서는 군인들"도 존재하지 않으리라고 확신했다.

더 나아가 일그러진 독단과 통념의 "목소리에 귀먹어 침묵하던 인간들은 자신들의 개인적 존재에서 자발적으로 나오는 충고만을 따를 것"이라고 확신했다. 그릇된 믿음과 그에 기반한 오랜 폭력에서 벗어나는 것은 당연히 "우리를 행복으로 인도"한다. 따라서 유물론과 무신론은 라 메트리에게 이론적으로 합당하며 현실적으로 유익한 것이었다. 고로 "우주 전체도 진정한 무신론자를 분쇄하기는커녕 흔들지도 못한다"(La Mettrie, 2020: 92-93).

이처럼 라 메트리의 유물론은 존재론을 넘어 인류의 '행복'과 '평화'를 핵심으로 하는 가치론으로 전화할 뿐 아니라, '신'과 '인간'의 중심성이 해체된 세계관, 즉 '존재의 대

연쇄'라는 이름으로 오랜 시간 고착화된 독단마저 해체하려 한다. 만유를 위계와 서열의 시선으로 바라보았던 어리석은 독단에 반(反)해, 라 메트리는 모든 생명과 존재란 근원적으로 동일한 의미를 지니며 그 가치 또한 동등함을 일깨우려 했다. "동물계가 식물계보다 가치 있는 것도, 가장 뛰어난 천재가 밀의 이삭 하나보다 더 가치 있는 것도 아니다."(La Mettrie, 2020: 89-120)

현재 인류는 오랜 세월 변치 않았던 자기규정을 돌아보며 허물고 있다. 자신에게 부여되어 온 차별적 정체성, 예컨대 절대자와 교감하는 유일한 존재라거나 만유를 대상화할 수 있는 주체라는 특징은 나르시시스트적인 상상의 산물에 불과한 것, 따라서 더 이상 정당화될 수 없는 것으로 기각되고 있다. 오직 인간에게만 덧붙던 종교적·신화적 아우라가 제거되면서 그저 인간의 객체에 지나지 않던 것들의 위상은 조금씩 높아진다. 예컨대 자연 또는 자연적 존재, 나아가 인공적 사물까지 능동적 지위와 존재의 권리를 지닌 것으로 받아들여지고 있다.

인간이 번성한 시간 또한 '인류세'로 상대화되며, 그러한 인식이 널리 수용되고 있다. 무한과 영원에 가닿으려는 인간 사유의 비상과 그 깊이는 '뇌'라는 생물학적 기제의 지평에서 규명되어야 할 현상일 뿐 더 이상 신비로운 영적 특성으로 간주되지 않는다. 요컨대 우리는 역사적으로 자기 정의가 전복되는 시점을 통과하고 있다. 라 메트리는 거의 3세기 전에 이러한 전복을 시도한 이다. 라 메트리의 파격적인 입론이 그의 시대에 하나의 '사건'이었다면, 지금은 '창'이다. '라 메트리'라는 창은 낡은 듯하지만, 이는 우리의 현재를 직시하기에 충분히 투명하다.

## 참고문헌

이병태(2021). "라 메트리의 유물론, 그리고 그 너머: 「인간기계론」을 중심으로". ≪인문과학≫, 122, 165-197쪽.

養老孟司(1998). ≪唯腦論≫. ちくま文庫. 김석희 옮김(2006). ≪유뇌론≫. 재인.

Gabriel, M.(2015). *Ich Ist Nicht Gehirn.* Ullstein Buchverlage. 전대호 옮김(2018). ≪나는 뇌가 아니다≫. 열린책들.

La Mettrie, J. O. de(1748/1984, 1987). *Œuvres philosophiques I, II.* Corpus des Œuvres de Philosophie en Langue Française. Paris: Fayard.

La Mettrie, J. O. de(1748/1996). *L'Homme Machine. Œuvres philosophiques I.* Corpus des Œuvres de Philosophie en Langue Française. Paris: Fayard. 여인석 옮김(2020). ≪라 메트리 철학 선집≫. 섬앤섬.

La Mettrie, J. O. de(1774). *Œuvres philosophiques II.* Berlin.

La Mettrie, J. O. de(1775). *Œuvres philosophiques III.* Berlin.

La Mettrie, J. O. de(1912). *Man a Machine(L'homme machine).* Chicago: The Open Court Publishing Co.

**쥘리앵 오프레 드 라 메트리(Julien Offray de La Mettrie, 1709~1751)**

18세기 프랑스 출신의 의사이자 철학자다. 자연과학의 발전, 계몽주의 등 근대 지성사의 격변기 한가운데를 관통하는 삶을 살았다. 당대의 대표적인 유물론자로서 영혼이나 정신을 물질의 지평으로 환원해 인간을 생물학적 기계로 재정의했다. 혁신적 사유에 기반해 당대의 의료 관행, 종교적 통념 등을 거세게 비판했다. 이로써 모든 저술이 분서 처분되었을 뿐 아니라 고국을 떠나야 했다. 오랫동안 '기계적 유물론' 등 부정적으로 고착화된 평가를 받아 왔으나, 뇌과학이 부상하고 통섭적 지성이 요청되는 시대적 흐름과 맞물려 20세기 이후 새롭게 재조명되고 있다. ≪인간-기계(L'Homme Machine)≫(1747)가 가장 널리 알려져 있고, 그 밖에 ≪영혼론(Traité de l'âme)≫(1745), ≪인간-식물(L'homme plante)≫(1748) 등 다수의 저술을 남겼다.

**이병태**

성균관대학교 철학과를 졸업하고, 동 대학교 대학원에서 석사·박사 학위를 받았다. 경희대학교 후마니타스칼리지 교수로 재직 중이다. 사회·정치·문화 등의 영역과 관련된 주제에 깊은 관심을 갖고 있다. 한국철학사상연구회 회원으로, 마르크스·유물론과 함께 20세기 초 한국 철학·사상을 연구하는 데 힘을 쏟고 있다. 공저로는 ≪메타버스-확산의 예감≫(2022), ≪길 위의 우리 철학≫(2018), ≪처음 읽는 한국 현대철학≫(2015) 등이 있으며, "인간의 거울, '로봇': 기술지배시대의 독법과 교양교육"(2024), "'유일자'의 철학과 사적 유물론의 마주침: 『독일 이데올로기』 3장 '성 막스'에 나타난 맑스의 슈티르너 비판"(2023), "라 메트리의 유물론, 그리고 그 너머: 「인간기계론」을 중심으로"(2021), "한국 현대 사상사의 재조망과 '모더니티': 20세기 전반 유학사 저술을 중심으로"(2021) 등 다수의 논문을 발표했다.